인문학아 부탁해!

나의 꿈, 나의 미래

2
미래 사회
유망 직업

— 청소년을 위한 진로독서 —

인문학아 부탁해!

나의 꿈, 나의 미래

공규택 지음

북트리거

저자의 말

인문학과 함께하는 아주 특별한 진로 탐색

- 미래 사회 유망 직업 편 -

"선생님, 미래에는 어떤 직업이 유망한가요?"

한 아이가 내게 질문을 던졌다. 나는 이렇게 답했다.
"농사를 지어 보는 건 어때?"
"농사라니요? 그건 옛날 옛적 신석기 시대부터 해 오던 일이잖아요."
아이가 놀라는 것도 무리가 아니었다.
"그럼, 이야기를 만드는 작가가 되어 보는 건 어때?"
"글을 써서 돈을 번다는 게 어디 쉬운 일인가요? 또 요샌 누구나 글을 쓰는 시대라고 하는데, 과연 미래에 전문 작가가 존재하기나 할까요?"

아이의 볼멘소리에 나는 책 두 권을 내밀었다.

한 권은 『종자, 세계를 지배하다』이고, 나머지 한 권은 『이야기의 힘』이라는 책이었다. 몇 주 뒤, 두 권의 책을 손에 쥔 채 그 아이가 다시 나에게 찾아왔다.

"우리 국토를 지키는 일만큼이나 우리 씨앗(종자)을 지키는 일이 중요한 시대가 온다고 하네요. 가만히 손 놓고 있다가는 우리 씨앗이 멸종할지도 모르겠어요. 가까운 미래에 그야말로 씨앗 전쟁이 일어날지도 모르겠는걸요?"

『종자, 세계를 지배하다』의 내용을 내게 전하며 농업에 대한 인식이 달라졌음을 고백하던 녀석은 다른 책 이야기도 꺼냈다.

"스토리텔링이 우리 일상에서 그렇게 중요한 역할을 하고 있는지 몰랐어요. 그리고 사람들이 즐기는 오락거리가 대부분 '이야기'에 바탕을 두고 있더라고요. 앞으로 스토리텔링이 더 중요해지면 중요해졌지, 쇠퇴하거나 없어질 리는 없겠어요."

아이는 이야기가 가진 힘을 제대로 이해하고 느낀 모양이다.

"선생님, 미래에는 직업이 어떻게 변할까요?"

아이들은 내게 종종 묻는다. 하지만 앞으로 우리에게 어떤 미래가 펼쳐질지는 아무도 모른다. 심지어 저명한 미래학자가 예견하는 미래의 모습도 말 그대로 '예측'일 뿐이다. 아이에게 미래에 유망한 직업으로 떠오를 것이라며 '농부'와 '작가'를 추천해 주었지만, 그것도 어디까지나 나의 개인적인 생각에 불과하다. 심지어 교사라는 나의 직업에 대해서조차, 나는 한치 앞도 내다볼 혜안이 없다. 단지 내가 이미 읽었던 몇 권의 책 속에서 단서를 찾을 수 있을 뿐.

"미래에 지금보다 훨씬 각광받게 될 직업은 무엇일까?"라는 질문에 대한 해답의 실마리를 제공한 것은 바로 인문학에 바탕을 두고 저술된 책들이었다. 가령 다국적 종자 회사가 씨앗의 지적재산권을 싹쓸이하고 있는 현실을 짚어 주는 책은, 씨앗의 권리를 든든히 지켜 줄 사람은 바로 농업 관련 직종에 종사하는 사람이라는 것을 알려 준다. 또 대중을 유혹하는 스토리텔링의 힘을 전하는 책은, 미래의 먹거리는 바로 '이야기'에서 나온다는 예측을 가능케 한다. 앞으로 '이야기'를 만드는 사람, 즉 '작가'라는 직업을 눈여겨봐야 한다는 내 생각의 근원에는 바로 책이 있는 것이다.

그 밖에도 다양한 책 속의 단서를 근거로 미래 사회에 중요하게 떠오를 직업군을 추려 보니, 로봇공학자, 사회복지사, 승무원, 심리 상담사, 요리사, 패션 디자이너, 반려동물 관리사, 수의사 등을 꼽을 수 있었다. 모두 첨단과학, 웰빙, 문화 등의 키워드와 관련이 있는 직업이다.

인문학은 사람살이에 관한 학문이다. 인류가 존재했던 과거로부터 오랫동안 켜켜이 축적되어 온 것이 바로 인문학이다. 즉 인문학의 발원은 과거에 있다. 한편 미래 사회는 아직 오지 않은 시간이다. 그렇다면 지나간 과거로써 오지 않은 미래를 예측하는 것이 가당키나 할까? 그런데 인문학은 시대를 관통하는 진실을 보여 준다. 좀 거창하게 말해 과거의 시간으로 미래를 예측한다. 그래서 인문학 속에 미래가 있다고 나는 이 책에서 말하고 있다.

"선생님, 진로가 고민이에요."

많은 학생들이 자신의 진로를 생각하면 막막함을 느낀다고 한다. 현직 교사로서 여러 아이들과 진로 상담을 한다. 내실 있는 상담을 위해 진로 상담 연수도 수없이 받았고, 진로 관련 서적을 모조리 탐독했으며, 심지어 상담 교사 자격증도 땄다. 하지만 내가 머릿속에 축적한 진로 지식은 빠르게 변해 가는 진로 교육 환경 앞에서 무용지물이 되기 일쑤였다.

그러던 내가 어느 날부터 아이들에게 인문학을 권하기 시작했다. 미래의 유망 직업을 묻는 아이들에게 농부, 작가, 요리사, 심리 상담사, 승무원, 수의사 등을 소개하며, 그와 더불어 꼭 읽어 보았으면 하는 책들을 함께 일러 주곤 했다. 그 책은 관련 직종에 관한 유용한 정보를 담고 있음은 물론, 각각의 직업에 종사할 사람이라면 마땅히 고민해 봐야 하는 다양한 생각거리를 담고 있다.

진로 상담의 내담자인 아이들에게 하고 싶은 이야기가 모두 인문학 속에 담겨 있다. '사람'에 관한 학문이자 '인간'에 대한 이야기인 인문학은, 21세기를 책임질 '사람'인 우리 아이들의 진로에 대해서도 깊이 있는 통찰과 해결책을 건네고 있다. 그런 점에서 인문학은 등대와 같다. 미래의 진로 때문에 길을 잃어 갈팡질팡하며 답답해하는 아이들이 자기만의 해답을 찾을 수 있도록, 앞길을 환히 밝혀 주기 때문이다. 인문학이 진로를 고민하는 아이들에게 가치 있는 이유이다.

인문학의 다른 이름은 바로 '책'이다. 모든 책은 인문학에서 출발했기 때문이다. 그래서 나는 '상담 편지'라는 형식을 빌려 집필한 이 원고에서도 '인문학', 그리고 '책'에 기대어 아이들의 미래와 꿈을 향해 더없이 든든한 응원을 보내고자 한다. 이 책을 읽는 독자들도 이렇게 외쳐 주기를 바란다.

"인문학아, 부탁해! 나의 꿈, 나의 미래."

2016년 화창한 가을 어느 날

저자 공규택

차 례

'멋진 신세계'에서 기술과 인간의 공존을 모색하다
: 과학기술의 힘에 압도되지 않으려면?

상상력과 실험 정신으로 진부함에 맞서다
: 문화, 예술, 창의력의 가치는 무엇일까?

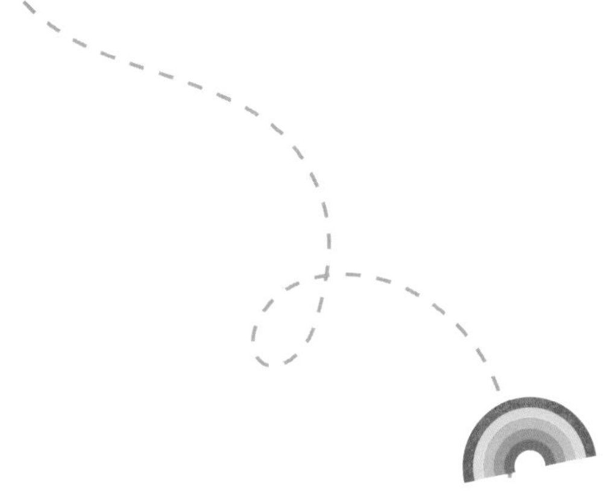

인간과 자연의 유쾌한 대화를 시도하다
: 인간과 자연이 공존하려면 어떻게 해야 할까?

안녕들 하십니까? 오늘도 나는 사람들의 안부를 묻는다
: 타인을 어떻게 도와야 할까?

1

'멋진 신세계'에서 기술과 인간의 공존을 모색하다

: 과학기술의 힘에 압도되지 않으려면?

관련 직업

프로게이머, 게임 개발자

'가상공간'에서 일하고, '현실'에서 행복을 찾는다

: '컴퓨터 프로그래머'를 꿈꾸는 친구들에게

▸▸ **핵심 도서**

『디지털이다』 **니컬러스 네그로폰테 / 커뮤니케이션북스**

『한눈에 읽는 현대 철학』 **남경태 / 휴머니스트**

『컴퓨터 과학이 여는 세계』 **이광근 / 인사이트**

선생님, 안녕하세요? 저 지성이에요. 어른들은 제가 공부는 안 하고, 컴퓨터에만 너무 몰두한다고 종종 나무라시는데 그 점에 대해서 약간 불만이 있어요. 왜냐하면 저는 컴퓨터를 다루는 것이 공부하는 것과 다름없거든요. 제 꿈이 컴퓨터 프로그래머, 혹은 프로게이머가 되는 건데 어떻게 컴퓨터를 소홀히 할 수 있겠어요. 21세기는 누가 뭐래도 인터넷으로 대표되는 정보 기술의 시대잖아요.
선생님, 제가 장차 커서 컴퓨터와 관련 있는 일을 하려면 컴퓨터 기술을 익혀 두는 것 못지않게 중요한 게 뭐가 있을까요? 제가 미리 알아 두면 좋은 지식이나 정보가 있나요? 그리고 어떤 마음가짐으로 준비하면 어른들이 저의 꿈을 응원하고 지원해 줄까요?

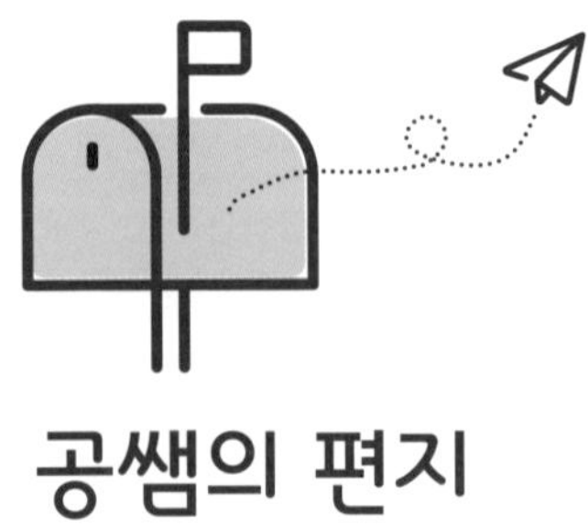

공쌤의 편지

인터넷과 컴퓨터가 열어 가는 새로운 세상

인터넷과 컴퓨터가 없는 일상은 이제 상상하기 어렵게 됐지? 이미 생활필수품이 되어 버린 정보 통신 기술의 총아인 모바일 기기의 사례만 보더라도, 인터넷과 컴퓨터가 우리 일상에 얼마나 깊숙이 자리 잡고 있는지 실감할 수 있어. 또한 새로운 기술은 지금까지 없었던 직업군을 탄생시켰는데 지성이가 꿈꾸는 '프로게이머'라든지 '웹마스터' 등이 그 대표적인 사례지.

이스포츠(e-sports)의 활성화에 힘입어 과거에는 그저 오락거리에 불과했던 '게임'이 산업화되고, 물리적으로 존재하지 않는 공간이면서도 많은 사람이 방문하는 웹사이트가 생겨났어. 이렇듯 앞으로도 정보 통신 기술은 우리가 상상하지 못하는 새로운 수요를 끊임없이 창출할 것으로 예상돼. 이때 중요한 것은 고도의 하드웨어보다는 창의적인 소프트웨어일 거야. 하드웨어 기술은 앞으로 표준화가 진행되면서 차별화가 힘들어지겠지만 소프트웨어는 그 발전 방향이나 가능성이 무궁무진하거든. 지성이가 장차 '컴퓨터 프로그래머'가 된다면, 톡톡 튀는 아이디어로 세상을 깜짝 놀라게 할 만한 유용한 프로그램을 만들어 내기를 바란다.

디지털 시대는 '아톰'에서 '비트'로!

지성이가 장차 꿈꾸는 '프로게이머, 컴퓨터 프로그래머, 게임 개발자' 등의 공통 속성이 무엇인지 혹시 말할 수 있겠니? 거칠게 정리하자면, 주로 디지털화된 가상공간에서 컴퓨터를 도구로 작업하거나 활용하는 직업이라는 거야. 정보 기술(IT) 분야의 세계적인 석학인 니컬러스 네그로폰테Nicholas Negroponte의 말에 따르면 '비트'의 세계에서 일한다고 할 수 있지. 비트가 뭐냐고? 비트는 오감을 동원해도 만질 수 없고 직접적으로 볼 수도 없어. 결국 '실재하는 듯, 실재하지 않는, 실재 같은 존재'라고 할 수 있지. 점점 더 오리무중으로 빠져드는 느낌이지? 비트라는 개념은 디지털 시대를 이해하는 키워드로서 네그로폰테가 지은 『디지털이다』를 읽어 보면 이해하기 쉬울 거야.

『디지털이다』는 1995년에 출간된 책인데, 네그로폰테는 이 책에서 '디지털'이라는 개념을 총체적으로 분석하고 21세기 디지

털 시대를 놀라운 통찰력으로 전망했어. 그는 여러 영역에 걸쳐 주요 개념을 바탕으로 디지털 시대를 정리했는데, 이 가운데 가장 핵심적인 용어가 바로 '아톰(atoms)'과 '비트(bits)'야. 네그로폰테는 '디지털 세계가 가져올 영향과 혜택을 이해하는 지름길은 비트와 아톰의 차이를 곰곰이 생각해 보는 데 있다'고까지 했지.

아톰(atom)은 현실 세계를 구성하는 물건의 최소 단위인 원자를 말해. 손에 만져지는 모든 것이 아톰으로 이루어졌다고 보면 되지. 우리가 먹는 음식, 컴퓨터, 자동차 모두 아톰이라는 구성단위를 바탕으로 만들어진 셈이야. 반면에 비트(bit)는 0과 1로 이루어진 디지털 정보의 기본단위로서, 손으로 만져지는 것이 아니며 마이크로프로세서와 같은 기계를 통해서만 다룰 수 있어. 디지털 기술은 0과 1로 이루어지는 이진수(binary digit)를 사용해서 각종 조합을 만든 후, 그것을 기계가 인식해서 처리하는 방식으로 이루어지거든. 네그로폰테는 '디지털은 곧 비트다'라고 정의하며 비트에 대해 다음과 같이 이야기했어.

> 비트는 색깔도, 무게도 없다. 그러나 빛의 속도로 여행한다. 그것은 정보의 DNA를 구성하는 가장 작은 원자적 요소이다. 비트는 켜진 상태이거나 꺼진 상태, 참이거나 거짓, 위 아니면 아래, 안 아니면 바깥, 흑이거나 백, 이들 둘 가운데 한 가지 상태로 존재한다. 이해를 쉽게 하기 위해 우리는 비트를 1 혹은 0으로 간주한다.
>
> — 니컬러스 네그로폰테, 『디지털이다』에서

요컨대 아톰이 원자 혹은 물질의 최소단위라고 한다면, 비트는 정보의 최소단위라고 이해하면 될 것 같아. 출판 산업을 예로 들자면, 네그로폰테는 신문, 잡지, 책 등 대부분의 정보는 '아톰' 형태로 우리에게 전달되고 있지만, 앞으로는 이 모든 것이 디지털화되어 '비트'로 전달되는 것이 당연시되는 날이 올 거라고 이야기하지.(실제로 그의 말대로 21세기 들어 전자책이 보급되기 시작했어.) 그리고 모든 것이 비트가 되는 시대가 오면, 어떤 회사든지 그들이 제공하는 제품이나 서비스를 디지털 형태로 바꿀 수 있는 능력이 어느 정도냐에 따라 사업의 흥망이 결정될 것이라 말하고 있어. 심지어 우리가 입고 먹는, '캐시미어 스웨터'나 '중국 요리'도 머지않아 비트로 전환될 수 있을 것이라고 하는데, 이런 저자의 발언에서 디지털 시대에 대한 강한 확신이 느껴지더구나.

그런데 선생님이 생각하기에 이런 기술은 이미 수십 년 전부터 시작되지 않았나 싶어. 무슨 말이냐고? 이 책에 나오는 일화로 설명해 볼게. 1976년 팔레스타인 테러리스트에 의해 100명이 넘는 인질이 우간다의 엔테베 공항에 억류되는 사건이 발생했어. 이때 이스라엘 특공대가 전격 투입되어 순식간에 인질들을 구하고 7명의 테러리스트를 제압하지. 여기에 크게 감동받은 미국 정부가 작전을 성공으로 이끈 이스라엘군의 훈련 방법을 미국 특공대에서도 사용할 수 있도록, 이에 필요한 전자 기술을 연구하라고 국방부에 긴급 지시를 했어. 인질을 구하는 데 무슨 전자 기술이냐고?

이스라엘은 사막에 공항 터미널의 실물 모형을 만들어서, 실제와도 같은 모의 공격을 계속했어. 그 덕택에 엔테베 공항에 도착했을 때 그들은 그 장소에 대한 예민한 공간 감각을 갖고 있어서, 마치 원주민처럼 작전을 수행할 수 있었지. 하지만 예상 가능한 모든 인질 상황이나 테러리스트의 목표를 전부 다 복제물로 만들 수는 없었어. 이를 실현하기 위해 필요한 것이 바로 컴퓨터였지. 네그로폰테의 말을 인용하자면, 아톰이 아닌 비트가 절실한 순간이었어. 따라서 그들은 비트를 사용해 '실제'가 아닌 '가상현실'을 만들

엔테베 공항에서 구출된 인질들

어 냈고, '가상현실'을 이용한 시뮬레이션을 통해 다시 '실제'의 작전을 성공으로 이끌었지. 이것은 아톰을 비트로, 비트를 다시 아톰으로 전환한 사례라고 볼 수 있어. 이만하면 지성이가 디지털의 기본 속성을 이해하게 되었으리라 믿고, 이제는 '비트'에 의해 구현된 '가상현실'의 순기능과 역기능에 대해서 조금 더 고찰해 볼게.

'시뮬라시옹'으로 만들어 내는 '시뮬라크르'

프랑스의 철학자이자 사회학자인 장 보드리야르Jean Baudrillard는 그의 저서 『시뮬라시옹』에서 현대사회에서는 원래의 사실보다 복제된 이미지가 더 실재적 의미를 부여받는 경우가 많다고 했어. 이 책은 매우 어려워서 사실 읽기가 무척 곤혹스러워. 하지만 남경태의 『한눈에 읽는 현대 철학』이라는 책에 장 보드리야르의 사상이 아주 이해하기 쉽게 정리되어 있으니 꼭 한번 읽어 보았으면 해. 장 보드리야르의 생각을 선생님이 예를 들어 설명해 볼게. 우리가 '전지현'이라는 배우를 좋아한다고 할 때, 우리가 좋아하는 것은 〈푸른 바다의 전설〉에 나온 전지현이나 텔레비전 광고 속 럭셔리한 이미지의 전지현이지, 결코 일상을 살아가는 전지현이라는 인간 자체는 아니야. 전지현을 실제로 눈앞에서 본다 해도, 우리는 광고나 드라마에서 재현된 전지현의 이미지를 그대로 느낄 수 없지. 심지어 어쩌면 전지현이라는 배우를 못 알아볼지도 몰라. 즉 인간 전지현을 복제한 텔레비전 속 전지현의 이미지가 실제의 전지현을 압도하는 영향력을 행사하고 있는 거야.

이러한 현상을 장 보드리야르는 '가상이 끊임없이 현실을 위협하고 있다'고 표현했어. 무슨 말이냐고? 보드리야르는 '시뮬라크르'와 '시뮬라시옹'의 두 가지 개념으로 이를 설명한단다. '시뮬라크르'란 원본에 대한 복제물이고, '시뮬라시옹'은 복제물이 형성되는 과정을 의미해. 인간 전지현이 광고나 텔레비전의 이미지로 복제되는 과정이 시뮬라시옹이고, 복제된 전지현의 다양한 이미지 그 자체가 바로 시뮬라크르라고 할 수 있지. 우리가 지금 살고 있는 세계는 시뮬라시옹이 지속적으로 일어나서 시뮬라크르가 넘쳐 나고 있다는 것이 바로 장 보드리야르의 생각이야. 심지어 보드리야르는 우리 현실의 삶 속에서 실재와 가상, 본질과 현상의 구분이 사라지고 있다고 강조해. 점점 더 실재보다 실재 같은 이미지들이 생겨나서 마침내 원본과 복사본, 진짜와 가짜가 구별되지 않고 그 경계가 없어질 거라고 예측하지.

그런데 요즘의 인터넷이나 모바일 게임이 보여 주는 시뮬라크르를 보면 그림이나 사진, 영화 등 다른 어떤 시뮬라크르만큼이나 생생한 효과를 재현한다는 사실을 지성이 너도 알 수 있을 거야. 게임 속에는 실재하는 사물보다 더 실재 같은 이미지들도 넘쳐 나지. 실제로 존재하지는 않지만 마치 존재하는 것처럼 느껴지거니와, 어떤 경우에는 존재하는 것보다 더 생생하게 인식되는 거야. 게이머가 게임에 몰입할 수 있도록 리얼리티를 극대화시키다 보니 일어난 현상인데, 우리가 흔히 말하는 '게임 중독'의 원인 중 하나가 바로 이것이 아닐까 해. 일부 게임 중독자들이 가상 세계와 현실 세계를 혼동해 범죄를 일으켰다는 뉴스가 심심치 않게 들려오는 것을 보면 말이야.

지성이는 이런 사람들을 보면 어떤 생각이 들어? 너는 가상공간과 현실공간을 혼동할 정도로 분별력이 없진 않으니 걱정 말라고? 그렇게 자만할 수만은 없게 하는 것이 현대사회에 존재하는 시뮬라크르야. 보드리야르가 이미 예언하고 경계했듯이 실재보다 더 실재 같은 이미지가 넘쳐 나고 있어. 실제로 현대사회에서는 진짜와 가짜를 구별하지 못하는 일이 비일비재하잖아.

지성이가 앞으로 가상공간에서 가상현실을 구축해 나가는 직업을 택할 거라면 보드리야르의 말을 한 번쯤 되새겨 보는 게 좋을 듯해. 가상현실이 더욱 정교해지면, 이는 현실에서의 욕망을 대리 해소하여 정서적 긴장을 완화해 주는 긍정적 역할을 할 수도 있어. 하지만 지성이가 게임의 구조를 직접 설계하는 프로그래머가 되든, 아니면 그것을 실제로 플레이하는 게이머가 되든, 가상현실에 대한 집착이 지나치면 심각한 사회문제를 불러올 수도 있다는 사실을 분명히 인지해야 할 거야. 인터넷이나 컴퓨터 기술이 비약적으로 발전하여 가상현실이 일상화되면, 그로 인한 중독과 폐해는 우리가 생각한 것보다 훨씬 더 심각할 수 있단다. 이런 의미에서 보드리야르가 현대사회를 "현실과 가상의 경계가 사라진 시대이며 원본 없

는 가짜 복사본들로 둘러싸인 세계"라고 진단한 것은 현대사회의 속성을 표현한 단순 명제의 수준을 넘어 '현대인을 향한 강한 경고의 메시지'라고 봐야겠지.

디지털 세상을 바라보는 올바른 시야

국가의 미래 경쟁력이 컴퓨터 소프트웨어에 달려 있다고 판단했는지, 정부 당국에서는 최근 빠른 시일 안에 초·중·고 학생들을 대상으로 소프트웨어 교육을 의무적으로 실시하겠다고 발표했어. 의무적으로 행해지는 소프트웨어 교육의 목표는 과연 무엇일까? 우리는 어떤 내용들을 배우게 될까?

선생님은 최근에 이 문제에 대해 좋은 단서를 주는 책을 한 권 읽었어. 바로 『컴퓨터 과학이 여는 세계』라는 책인데, 컴퓨터를 '마음의 도구'라고 언급한 부분에서부터 특별한 영감을 받았단다. 인류가 그동안 사용해 온 여러 유용한 도구는, 도끼, 가방, 자전거 등을 보면 알 수 있듯이 물리적 근육을 주로 이용해야만 그 기능을 제대로 발휘할 수 있었어. 반면에 '컴퓨터'는 이들 도구와는 차원이 달라. 컴퓨터도 엄연히 인간이 사용하는 도구에 불과할진대 무엇이 그렇게 다르냐고?

이 책의 저자는 컴퓨터를 다룰 때는 신체적·물리적 근육이 아니라, '지혜'와 '언어'를 사용해야 한다고 이야기해. 즉 컴퓨터는 다른 도구들과 달리 '지혜'와 '언어'로 짜인 소프트웨어에 의해 다뤄진다는 의미지. 이 책에 따르면, 언어로 작성된 텍스트를 컴퓨터의 메모리에 실으면 컴퓨터는 그 텍스트가 표현한 일을 해 나감으로써 인간에게 충실한 '마음'의 도구가 될 수 있다는 거야.

> 컴퓨터를 만능이게 하는 소프트웨어. 사람은 소프트웨어를 만들고, 컴퓨터는 소프트웨어를 실행한다. 컴퓨터라는 도구를 다루는 방법은 소프트웨어이고, 소프트웨어는 사람의 지혜를 통과하면서 짜여진다.
>
> — 이광근, 『컴퓨터 과학이 여는 세계』에서

앞으로 소프트웨어 교육이 실시되면, 학생들은 몇몇 프로그래밍 언어를 배우게 될 거야. 하지만 선생님은 그것으로 충분한 소프트웨어 교육이 이루어졌다고 보지 않는단다. 위 글이 시사하듯 프로그래밍 언어를 익히는 것보다 훨씬 더 중요한 것은 '지혜'야. 왜냐고? 이 책의 4장은 '소프트웨어, 지혜로 짓는 세계'라는 소주제를 가지고 있는데, 선생님은 이 소주제에 '인문학적'이라는 수식어를 넣고 싶어. 즉 "(좋은) 소프트웨어, '인문학적' 지혜로 짓는 세계"라고 말이야.

소프트웨어가 '사람의 지혜를 통과하면서 짜인 것'이라면, 마땅히 그것을 만드는 사람은 소프트웨어에 대한 올바른 가치관과 사용 윤리, 새로움을 창조하려는 건전한 성취동기, 그리고 그것을 통해 인류에 기여하려는 마음 자세 등 우리를 둘러싼 디지털 세상을 바라보는 올바른 시야를 갖추어야 해. 이러한 인문학적 가치관을 형성해 주는 것, 이것이야말로 소프트웨어 교육의 진정한 목표가 되어야 하지 않을까?

이 책 한번 볼래?

『그래서 그들은 디지털 리더가 되었다』

이정일 / 길벗

『그래서 그들은 디지털 리더가 되었다』는 IT의 패러다임을 바꾼, 그야말로 '디지털 리더'라고 할 만한 27인의 이야기를 담았어. 최초의 계산기를 발명한 파스칼로부터 시작해서 컴퓨터와 디지털의 제왕인 빌 게이츠와 스티브 잡스를 지나, 검색의 제왕 구글을 탄생시킨 래리 페이지와 세르게이 브린을 건너, 디지털 아나키스트를 꿈꾸는 리처드 스톨만까지, 디지털 역사의 굽이굽이를 하나도 빠트리지 않고 소개하고 있지. 오늘날의 풍요로운 디지털 세상이 열리기까지, 이들은 어떤 도전과 열정으로 IT의 역사를 이끌어 왔는지 알 수 있는 책이야.

이 책은 크게 네 개의 주제로 나뉘어 있어. 초창기 디지털 혁명을 이끈 사람들부터 하드웨어 부문에서 눈부신 성과를 보인 사람들, 웹과 소프트웨어를 발전시킨 사람들, 그리고 IT 분야의 미래를 이끌어 갈 사람들까지, 각각의 인물이 시대별로 구분되어 있지. 이들의 파란만장한 인생을 따라

가노라면 어느새 지성이는 디지털의 과거와 현재, 그리고 미래를 한눈에 통찰하는 안목을 가지게 될 거야. 지성이도 언젠가 '디지털 리더'가 되기를 바라며 이 책을 추천할게.

이 책 한번 볼래?

『유리 감옥』

니콜라스 카 / 한국경제신문

갑자기 스마트폰이 멈춰 버리거나, 현관문의 디지털 도어록이 작동하지 않았던 경험을 혹시 해 본 적이 있는지 모르겠어. 선생님은 스마트폰이 갑자기 먹통이 됐는데, 반나절도 견디지 못하고 바로 서비스센터로 뛰어갔지. 이렇듯 자동화에 길들여진 우리에게 세계적인 디지털 사상가인 니콜라스 카는 "기술이 준 편리한 삶은 우리를 가둬 두는 감옥이 될 수 있다."라고 말해. 저자가 말하는 유리 감옥은 '스크린'으로 둘러싸인 공간이야. 그는 하루 12시간 이상 컴퓨터 스크린과 스마트폰 액정을 마주하는 현대인의 자동화된 삶을 '유리 감옥'에 갇혀 있다고 비판하지.

니콜라스 카는 인터넷, 인공지능, 빅데이터 등을 통해 가속화되고 있는 자동화가 우리 삶을 어떻게 바꾸고 있는지 살펴보며, 기술에 대한 맹신을 경계해야 한다고 주장하고 있어. 스스로 운전하는 무인 자동차 등은 우리에게 편리함을 가져다주지만, 결국 이것들은 우리의 자율성을 침해하고, 인간을 '기술의 노예'로 전락시킨다는 거지.

그렇다면 자동화 기술을 현명하게 사용할 수 있는 방법은 없을까? 기술이 우리를 무의미한 노동에서 벗어나게 해 줌으로써, 좀 더 고차원적인 일을 할 수 있는 여유를 만들어 준 것은 사실이잖아. 저자는 디지털 시대에서 진정한 자유를 누리려면 무엇보다 기술을 인간답게 만들어야 한다고 주장하고 있어. 기술을 통해 인간의 경험을 확대하고, 인간적인 가치를 증대함으로써, 우리의 삶을 풍부하게 만들어야 한다는 거야. 그 방법이 구체적으로 무엇일지는 지성이가 좀 더 고민해 보렴.

이 영화 한번 볼래?

〈소셜 네트워크〉

데이빗 핀처 감독 / 2010년

〈소셜 네트워크〉는 거장 데이빗 핀처 감독의 작품으로, 하버드대학의 컴퓨터 천재 '마크'가 명실상부한 세계 최대의 인맥 네트워크 서비스인 '페이스북'을 만들어 내는 과정을 흥미진진하게 보여 주고 있어. 영화에 따르면

페이스북이 만들어진 계기는 우습게도 마크가 여자 친구에게 차였기 때문이었어. 그는 홧김에 여자 친구의 신상 정보를 자신의 블로그에 떠벌리고, 그것도 모자라 해킹 실력으로 하버드 여대생들의 모든 신상을 턴 다음 '페이스 매시'라는 미모 비교 사이트를 만들지. 이 사건으로 마크는 징계를 받지만, 동시에 컴퓨터 천재라는 명성도 얻는단다.

한순간 악명을 떨치게 된 그는 비밀 엘리트 클럽의 윙클보스 형제에게 하버드대 학생들만 교류할 수 있는 '하버드 커넥션' 사이트를 제작해 달라는 의뢰를 받아. 마크는 제안을 받아들이는 척하더니, 그들의 아이디어에서 힌트를 얻어 독자적으로 '페이스북'을 개발해 낸단다. 페이스북은 순식간에 사람들을 열광시키며 전 세계로 퍼지게 되지.

SNS가 사람들이 속해 있는 현실의 네트워크를 뛰어넘어 컴퓨터와 인터넷만으로 이루어진 가상의 네트워킹을 가능하게 했다는 측면에서 마크의 아이디어는 가히 천재적이었어. 인간이 앞으로 컴퓨터와 인터넷으로 이루어 낼 수 있는 가장 위대한 일은 무엇일까? 이는 아마도 현재로서는 우리가 아직 상상조차 할 수 없는 것일 거야. 마치 페이스북 이전에 우리가 페이스북을 상상할 수 없었던 것처럼 말이야. 마크 저커버그처럼 지성이도 장차 놀랍고도 혁명적인 일을 꼭 이루어 내기 바란다.

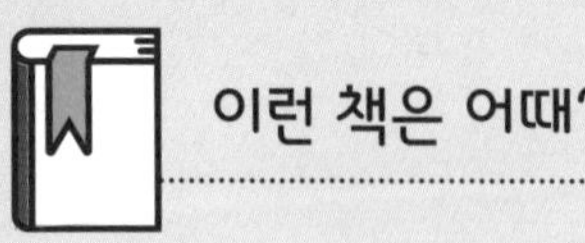

이런 책은 어때?

☞ 난이도
★ 하
★★★ 중
★★★★★ 상

● 컴퓨터공학이란 무엇인지 살펴보고 졸업 후 진로를 탐색하고 싶은 이들에게

고경희의 『컴퓨터공학 미리 보기』(길벗스쿨) ★

● 컴퓨터의 논리적 동작과 프로그래밍의 기본 원리를 익히고 싶은 이들에게

김종훈의 『프로그래밍 비타민』(한빛미디어) ★★★
타니지리 카오리의 『다 함께 프로그래밍』(제이펍) ★★★★
존 맥코믹의 『미래를 바꾼 아홉 가지 알고리즘』(에이콘출판) ★★★★★

● 상상을 현실로 만드는 프로그래밍 대한 인문학적 통찰력을 얻고 싶은 이들에게

임백준의 『프로그래밍은 상상이다』(한빛미디어) ★★★★★
폴 그레이엄의 『해커와 화가』(한빛미디어) ★★★★★

● 게임을 즐기는 데서 한 걸음 더 나아가 직접 만들기를 꿈꾸는 이들에게

최기운 · 박찬일의 『위대한 게임 위대한 기획자』(한빛미디어) ★★★
이경혁의 『게임, 세상을 보는 또 하나의 창』(로고폴리스) ★★★

● IT 역사에 큰 획을 그은 컴퓨터 천재들의 이야기가 궁금한 이들에게

스티븐 레비의 『해커스: 세상을 바꾼 컴퓨터 천재들』(한빛미디어) ★★
다케우치 가즈마사의 『평전 스티브 잡스 vs 빌 게이츠』(예인) ★★
월터 아이작슨의 『스티브 잡스』(민음사) ★★

● 강력한 성장 동력으로 인정받고 있는 IT 사업의 과거와 현재, 미래를 해부하고 싶은 이들에게

정영호 외 3인의 『사물 인터넷』(미래의창) ★★
정지훈의 『거의 모든 IT의 역사』(메디치미디어) ★★★

스왓(SWOT) 분석

선생님이 네가 꿈꾸는 너의 미래를 일목요연하게 정리해 봤어.
선생님이 해 준 이야기를 참고해서 너에게 꼭 맞는
자신만의 꿈을 설계해 보렴.

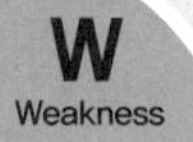

S Strength 강점

- 평소 좋아하는 취미를 직업으로 발전시키기 좋음.
- 회사에 굳이 소속되지 않더라도 개인적으로 자유롭게 직업 활동할 수 있음.

W Weakness 약점

- 안정된 고수익을 보장받는 사람이 일부에 한정됨.
- 중장년까지 꾸준히 일할 수 있는가에 대한 의문.

O Opportunity 기회

- 다양한 소프트웨어의 수요 증대.
- 인터넷(모바일) 기술의 발달과 접속 환경의 개선.
- 정보 통신 산업과 엔터테인먼트 산업이 결합하여 다양한 수요를 창출함.

T Threat 위협

- 인터넷 · 게임 중독 등의 사회문제를 야기함.
- 지나친 인터넷(혹은 게임) 사용을 제도적으로 규제하려는 움직임이 있음.

관련 직업

인공지능 공학자, 뇌공학자

미래는 로봇 시대! 반려견 대신 내가 만든 로봇 어때?

: '로봇공학자'를 꿈꾸는 친구들에게

▸▸ **핵심 도서**

『아이, 로봇』 **아이작 아시모프 / 우리교육**

『로봇 시대, 인간의 일』 **구본권 / 어크로스**

『청소년을 위한 인성 인문학』 **임재성 / 평단**

선생님, 안녕하세요? 진우예요. 얼마 전 프로 바둑 기사 이세돌과의 맞대결에서 승리한 '알파고'라는 인공지능 컴퓨터가 아직까지도 한창 화제가 되고 있는데요, 하루가 다르게 발전해 가는 인공지능 기술을 바라보니 만감이 교차하더라고요. 영화에서나 가능할 것 같았던 로봇 세상이 눈앞의 현실로 다가와 기대가 커지다가도, 지금까지 인류가 겪어 본 적 없는 커다란 변화를 예고하는 신호탄인 것 같아 불안하기도 하고요.

저는 어려서부터 로봇을 좋아했어요. 처음에는 단순히 로봇을 가지고 노는 게 재미있었는데, 요즘은 흥미 이상의 관심을 가지게 되었어요. '로봇'이라는 것이 장차 인류의 삶을 뒤바꿀 산업의 핵심 영역으로 발전할 것 같다는 생각에, 장래 희망으로 로봇 분야의 전문가를 꿈꾸게 되었고요.

선생님, 제가 나중에 로봇공학자가 되는 데 필요한 소양이 있다면 어떤 것이 있을까요? 좀 쉽고 친절하게 알려 주세요.

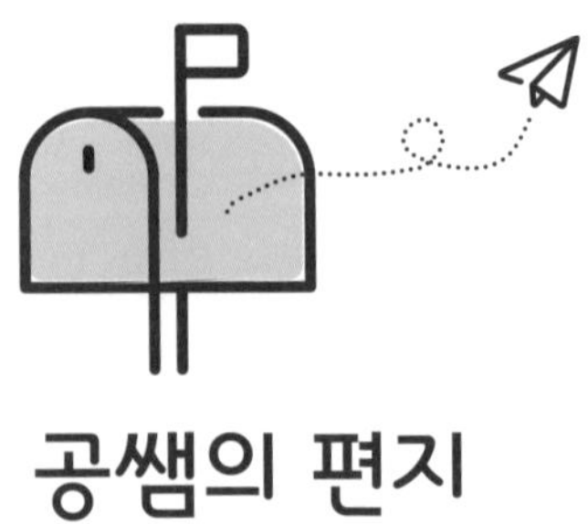

공쌤의 편지

로봇, 인간의 영역을 침범하다

바둑은 컴퓨터가 함부로 넘볼 수 없는 영역으로 여겨져 왔어. 천문학적인 경우의수를 가진 데다, '직관'이나 '상상'과 같은 인간 고유의 창조적 사유가 필요하기 때문이야. 그런데 감히 인공지능 따위가 범접할 수 없는 최후의 보루로 꼽혔던 바둑에서, '알파고'라는 인공지능 컴퓨터가 세계 최정상급 프로 기사를 누르다니 놀랍지 않니? 인간의 일방적 승리를 자신하던 이들은 상대방의 수를 읽고 판세를 짜는 알파고의 능력에 경악을 금치 못했어. 또 얼마 전에는 30년 경력의 이탈리아 피아니스트가 로봇 피아노와 연주 대결을 펼치기도 했을 만큼, 과연 인공지능 로봇이 도달하지 못할 영역이 어디까지인지 그 끝을 알 수 없는 시대가 되었단다. 그런 만큼 진우가 꿈꾸는 로봇공학자는 미래 산업의 주역으로 떠오르며 성장 가능성도 크고 앞으로 전망도 밝은 직업군이야.

물론 인간을 능가하는 인공지능이 가져올 미래에 대한 불안과 우려가 만만치 않지만, 이미 인공지능은 우리의 일상생활 깊숙이 자리를 잡기 시작했어. 청소하는 로봇, 드론(무인 비행기), 자동번역기 등 인공지능 로봇 기술은 다양한 영역에서 빠르게 실용화되고 있단다. 또 인간의 두뇌를 흉내 낸 인공 신경망에 빅데이터를 결합한 '딥 러닝(Deep Learning)' 기술의 발달은 주목할 만한 변화를 낳고 있어. 컴퓨터가 자가 학습을 통해 스스로 진화하는 것이 가능해지면서, 로봇의 상황 인식이나 자동번역 등의 성능도 눈에 띄게 발전하고 있거든.

더욱이 최근에 개발된 몇몇 인공지능은 사람과 구별할 수 없을 정도의 뛰어난 대화 수준을 보이고 있기도 해. 2014년엔 유진 구스트만(Eugene Goostman)이라는 인공지능이 '튜링 테스트(Turing Test)'를 사상 처음으로 통과해 전 세계를 흥분시켰어. 튜링 테스트는 인공지능이 인간처럼 생각하는 능력을 갖고 있는지 판별하기 위해 만들어진 테스트야. 인공지능 컴퓨터와 5분간 대화를 나눈 후 심사위원의 3분의 1 이상이 대화 상대를 사람으로 오인하면, 그 인공지능을 '인간처럼 생각할 수 있다'고 본다는 게 핵심 개념이지. 컴퓨터가 사람과 자연스럽게 대화를 주고받을 수 있다면 그 컴퓨터도 지능이 있다고 봐야 한다는 거야.

이렇게 로봇의 인공지능이 인간과 견줄 만큼 고도화되고, 기계의 무한 학습 능력이 현실화된다면 과연 어떤 세계가 펼쳐질까? 오늘은 인공지능 시대를 열어젖히게 될 로봇공학자가 고민해 보아야 할 몇 가지 문제에 대해서 함께 생각해 볼까 해.

로봇이 지켜야 할 원칙이 있다

과학자들은 사람을 닮은 인공지능 로봇이 인간과 동거하는 시대가 이번 세기 안에 올 것이라는 예측을 내놓고 있어. 진우는 '로봇과의 동거'가 본격적으로 시작되면 어떤 일이 일어날지 생각해 본 적 있니?

로봇과 인간이 함께 살면서 일어날 수 있는 온갖 가능성을 이야기로 빚어낸 SF 소설집이 있단다. 놀랍게도 컴퓨터공학이 아직 걸음마 단계에 불과해서, 로봇다운 로봇을 찾아보기 힘들었던 1950년대에 나온 소설이야. 미국의 공상과학 소설가이자 생화학자인 아이작 아시모프Isaac Asimov의 『아이, 로봇』은 출간 이후 반세기가 넘은 현재 시점에도 미래 지향적이라는 평가를 받는 작품이란다. 그는 이 책을 통해 '로봇공학의 3원칙'을 밝히고 있는데, 현재 로봇을 연구하는 과학자들에게도 진지한 검토의 대상으로 여겨질 만큼 중요한 원칙이야. 로봇의 위험성을 인지하고, 인간에게 절대적으로 유리한 쪽으로 로봇의 행동 지침을 설정하고 있거든. 그가 말한 로봇의 세 가지 행동 지침을 살펴볼까?

> **제1원칙:** 로봇은 인간에게 해를 입혀서는 안 된다. 그리고 위험에 처한 인간을 모른 척해서도 안 된다.
>
> **제2원칙:** 제1원칙에 위배되지 않는 한, 로봇은 인간의 명령에 복종해야 한다.
>
> **제3원칙:** 제1원칙과 제2원칙에 위배되지 않는 한, 로봇은 로봇 자신을 지켜야 한다.
>
> — 아이작 아시모프, 『아이, 로봇』에서

아시모프가 전제하고 있는 로봇공학의 세 가지 원칙 뒤에는 로봇이 인간에게 위협을 가할 수도 있다는 인식이 짙게 깔려 있어. 그는 과학기술의 진보가 인류에게 해를 가해서는 안 된다는 고민을 '로봇공학의 3원칙'으로 구체화시키며, 로봇의 기능과 한계를 정의하고 있지. 로봇이라는 기계의 행동을 엄격한 윤리적 규범으로 통제한다는 아시모프의 발상은 실로 획기적이었고, 이런 업적으로 아시모프는 '로봇공학의 아버지'로 추앙받고 있단다.

『아이, 로봇』에 등장하는 로봇은 모두 인간을 위해 철저히 봉사하고, 인간의 말을 무조건 따르는 충실한 하인이거나 친구로 묘사되고 있어. 로봇공학의 3원칙이 잘 지켜졌을 경우, 로봇과 함께하는 미래는 더욱 안전하고 편리하다는 것이지. 아시모프는 이 소설에 등장하는 인간 친화적인 로봇의 모습을 통해 미래와 과학의 발전에 대해 매우 낙관적인 전망을 하고 있단다.

한편 그는 여러 종류의 로봇을 등장시켜 다채로운 문제를 설정함으로써 과학과 인간의 관계와 관련해 다양한 물음을 던지고 있기도 해. 가령 보모 로봇 '로비'가 자신의 임무에 너무나 충실한 나머지 어느새 자신이 돌보는 소녀를 사랑하게 된다는 에피소드는 로봇이 감정적 교류의 대상이 되었을 경우 일어날 수 있는 일을 상상해 보게 하지. 인간이 자신을 창조했다는 사실을 믿지 않고 그 위에 군림하려는 똑똑한 로봇 '큐티'의 이야기는 사람만의 영역이라고 생각했던 자유 의지가 로봇에게 적용됐을 때 어떤 문제가 생길 수 있는지 암시하고 말이야.

소설에서는 '로봇공학의 3원칙'의 허점을 틈타 여러 사건이 벌어지기도 해. 이를테면 인간의 명령에 복종해야 한다는 제2법칙과 자신을 지킬 의무가 있다는 제3법칙 사이에서 방황하다 위험에 빠진 로봇 '스피디'의 이야기는 마치 사고실험을 보는 듯 흥미롭더구나. 이 밖에도 다양한 문제 상황에 처한 로봇이 많이 등장하는데, 로봇공학자를 꿈꾸는 진우에게는 하나하나가 허투루 넘길 수 없을 정도로 유용한 생각거리를 던져 준단다. 이 책을 읽으며 진우가 훗날 만들고 싶은 로봇의 모습을 구체적으로 생각해 봤으면 해.

로봇 시대, 인간이 설 자리는?

로봇과 인공지능 시대의 거대한 변화에 직면해 있는 우리는 무엇을 알아야 하고, 현실적인 문제에 어떻게 대비해야 할까? 인간은 일찍이 로봇 시대를 직접적으로 경험해 보지는 못했어. 단지 막연히 상상력에 의존하여 미래의 모습을 미리 짐작해 왔을 따름이지. 인류가 맞이할 로봇 시대의 전망에 대해서는 진단이 엇갈려. 어떤 이는 '도구를 만들어 쓰는 존재'인 '호모파베르(Homo faber)'로서의 인간이 로봇을 유용한 도구로 활용하여 윤택한 미래를 맞이할 것이라는 청사진을 제시하는가 하면, 어떤 이는 로봇과의 경쟁에서 도태돼 밀려난 인간이 처참한 미래를 맞이하게 될 것이라고 경고하기도 하지.

하지만 먼 미래의 일은 아무도 모르는 법. 앞으로 인류에게 닥쳐올 로봇 시대에 대해서는 섣부른 낙관도 비관도 할 수 없어.

인간이 지능적 기계와 공생을 하는 '로봇 시대'는 누구도 모범 답안을 알려줄 수 없는, 복잡한 딜레마 상황을 낳기 때문이야. 로봇이라는 기계에 수고로운 업무를 위임해서 편리한 것처럼 보이지만, 그를 통해서 여러 복잡한 문제가 생겨나게 됐거든. 진우가 로봇공학자가 될 각오가 되어 있다면, 로봇이 인류에게 유용한 도구로 활용되기 위해 반드시 짚고 넘어가야 할 몇 가지 난제를 진지하게 생각해 봤으면 해. 『로봇 시대, 인간의 일』은 로봇 시대에 우리가 직면하게 될 문제를 제시하고, 우리가 인간으로서 살아남기 위한 방법이 무엇인지 묻고 있어. "자동번역 시대에 외국어를 배울 필요가 있을까?", "노동은 로봇이 하고, 우리에겐 저녁 있는 삶이 열릴까?" 등 모두 인간다운 삶이 무엇인지 돌아보게 하는 흥미로운 질문이더구나.

우선 자동번역의 문제를 생각해 볼까? 인류의 역사가 시작된 이래로 언어 구사 능력은 인간 고유의 기술로 인정받아 왔어. 하지만 인공지능의 발달로 실시간 자동번역이 가능해지기 때문에 앞으로는 외국어를 배울 필요가 없게 된다고 해. 봉준호 감독의 영화 〈설국 열차〉를 보면 동면에서 깨어난 남궁 박사가 외국인과 휴대용 번역기를 통해 자유롭게 의사소통하는 것이 묘사되고 있잖아. 이런 장면으로 미루어 볼 때, 언어 장벽이 사라진 시대에 외국어 능력을 굳이 체득할 필요는 없다는 것이지. 이런 변화는 자연스럽게 교육의 문제로까지 확대된단다. 인터넷과 인공지능, 그리고 로봇이 있는 미래에 우리는 과연 학교를 다닐 필요가 있을까? 학교에 가면 과연 인공지능이 가르쳐 주지 않는 새로운 지식을 배울 수 있는 걸까? 우리는 인공지능 시대에 어떤 기능까지 외부에 의존할 것인지, 내가 직접 배워서 몸에 습득해야 할 지식은 무엇인지 깊이 고민해 봐야 할 거야.

'여가' 문제도 생각거리가 많아. 로봇과 자동화 기술 덕분에 인간은 로봇에게 힘들고, 위험하고, 어려운 일을 맡길 수 있게 됐잖아. 로봇이 인간의 노동을 위임받으면, 과연 인간은 그만큼 여유로운 시간을 즐길 수 있게 되는 것일까? 각종 전자제품이 가정마다 즐비하고 스마트폰이 거의 모든 개인에게 보급된 지금, 많은 사람들이 시간 부족을 겪고 있는 현실을 생각해 보렴. 기계로 인해 줄어드는 노동 시간이 여가 시간의 증대로 직결되는 것은 쉽지 않음을 의미해. 따라서 우리가 '여유 시간'에 대해 사회적으로 새로운 접근을 하지 않는다면, 로봇이 아무리 발달해도 정작 인류에게는 행복한 시간을 맛볼 여유가 생기지 않을 거야.

머지않아 반려동물처럼 인간과 감정적으로 교류하는 반려 로봇이 등장할 전망이야. 로봇과 인간 사이의 사랑을 다룬 영화 〈그녀〉나 〈엑스마키나〉는 그러한 미래를 구체적으로 예견하고 있지. 만약 영화처럼 인간과 교감할 수 있는 로봇이 우리의 일상으로 파고든다면, 사람이 아닌 로봇과 사랑에 빠지는 일도 가능해질까? 과연 그것은 우리가 익히 알고 있는 '사랑'이라고 말할 수 있을까? 또 감정적으로 교류하는 로봇 강아지를 발로 걷어찬다면, 이는 동물 학대로 처벌받아야 할 일일까? 이 책에서 제시하는 여러 가지 딜레마 상황은 단순한 흥밋거리가 아니라 당면하게 될 현실적인 문제들이란다. 이제 막 개막한 로봇 시대, 우리가 해결해야 할 문제는 단지 기술적인 문제만은 아닌 것 같아.

'사람다움'이란 무엇인가

인공지능이 지금과 같은 속도로 발전하면, 언젠가는 로봇과 인간의 구별이 불가능해지는 시점이 오지 않을까? 이런 미래를 앞두고 지금 우리가 시급하게 정립할 것은 바로 '인간'의 개념이 아닐까 싶어. 로봇과 인간을 구별할 수 없는 시대가 도래한다는 사실은 인간의 존재 가치를 위협하는 일이니까 말이야. 인공지능의 시대에 우리가 역설적으로 던져야 할 질문은 바로 이것이야. (인공지능 로봇과 구별되는) '사람다움'이란 과연 무엇일까?

사람다움의 길을 인문학의 관점에서 명쾌하게 밝히고 있는 『청소년을 위한 인성 인문학』을 보면, 인문학(人文學)을 말 그대로 '사람'을 대상으로 하는 학문이라고 규정하고 있어. 사람을 대상으로 하고 있기에 인문학을 공부한다는 것은 바로 '사람'에 대해 알아가는 것이라고 할 수 있지. 인문학의 정수는 문학, 역사, 철학인데, 이들 학문이 다루는 영역을 통해 인간의 개념을 구체화할 수 있을 것 같구나.

사람답게 살아가려면 무엇보다도 문학작품을 통해 자기 내면에 숨어 있는 감성을 일깨우는 경험이 필요해. 감성이야말로 로봇이 흉내 낼 수 없는 인간 고유의 영역임을 부인할 수 없거든. 슬픈 장면을 보면 눈물을 흘리고, 기쁜 모습을 보면 미소 지으며, 악의 무리를 향해서는 정의를 불태우며 주먹을 불끈 쥐고, 도움이 필요한 사람을 향해 안타까운 마음으로 손을 내미는 등 인간의 다양한 감성은 로봇이라는 기계가 완벽하게 재현할 수 없을 만큼 복잡하고, 미묘하고, 변화무쌍해. 로봇 시대의 주역이 될 청소년은 로봇이 절대로 대체할 수 없는 인간의 감성을 길러야 해. 이는 스마트폰에 대한 지나친 몰두를 경계하고, 문학을 가까이해야 할 이유이기도 하단다.

한편 인문학의 한 장르인 '역사'는 '지나온 삶'에서 교훈을 얻는다는 데 의미가 있어. 미래를 여는 열쇠는 바로 지나간 과거의 삶 속에 있거든. 과거의 경험을 미래 지향적인 방향으로 승화시키기 위해서는 역사에 대한 정확한 기억과 자기 성찰이 필요해. '왜 그런 일이 일어났는가? 그런 일이 일어날 수밖에 없는 상황은 어디서부터 비롯되었는가? 그 일이 일어났을 때 사람들은 어떻게 대처하고 문제를 해결해 나갔는가? 나는 그 역사적 사실을 통해 무엇을 배워야 하는가?'와 같이 자신의 과거를 반성적으로 돌아보는 거야. 이렇게 과거에 대한 적극적인 성찰을 통해, 사람답게 살아가는 것이 무엇인지, 앞으로 어떻게 살아가야 하는지 스스로 깨닫는 존재가 바로 (로봇이 아닌) 인간인 것이지.

끝으로 이 책에서 강조하는 '철학'은 사람다움을 배우는 데 어떤 도움을 주는 학문인지 설명해 볼게. 철학은 기본적으로 질문의 학문이야. 수많은 질문을 통해 진리에 접근해 가는 것을 목표로 삼고 있지. 이미 여러 철학자들이 독특한 질문을 던지며 삶과 세상의 본질을 탐구했어. 독일의 철학자 이마누엘 칸트Immanuel Kant를 예로 들어 볼게. 칸트는 크게 세 가지 질문을 던졌어. 첫째는 "나는 무엇을 알 수 있을까?"인데, 이는 존재에 대한 인간의 인식 문제를 다룬 '인식론'과 연관이 있어. 두 번째 질문인 "나는 무엇을 해야만 하는가?"는 '윤리학'에 해당하고, 세 번째 질문인 "내가 바랄 수 있는 것은 무엇인가?"는 '종교'에 대한 사유라고 볼 수 있지. 이 세 가지 질문의 답을 찾아가는 과정은 궁극적으로 "어떻게 살아갈 것인가?"라는 물음으로 이어진단다. 모든 것에 질문을 던지고 그 대답을 찾으려 한 철학적 사고가 왜 사람다운 삶에 대한 탐구와 연결되는지 알겠지?

질문한다는 것은 로봇과 인간을 구별하는 중요한 단서이기도 해. 진우는 질문을 주로 하는 사람이니, 아니면 대답을 주로 하는 사람이니? 질문을 던지는 사람은 스스로 문제를 발견하고 해결하려는 특성을 지녔어. 반면에 대답을 주로 하는 사람은 누군가에 의해 끌려가는 수동적인 면이 강하지. 가만히 생각해 봐. 로봇은 세상에 대해 좀처럼 질문을 하지 않아. 주로 명쾌한 대답을 할 뿐이지.

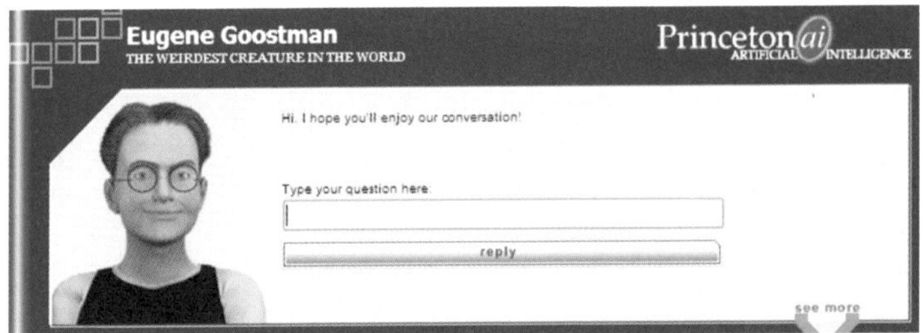

사람의 질문에 대답을 하도록 설계된 인공지능 유진 구스트만

설사 로봇이 질문을 한다 하더라도 그것은 미리 입력되고 프로그래밍된 기계적 질문에 불과할 거야.

『청소년을 위한 인성 인문학』은 문학, 역사, 철학이라는 인문학의 눈으로 '사람'을 통찰하고 '사람다움'의 길을 모색하고 있다는 점에서, 로봇공학자를 꿈꾸는 진우가 꼭 한번 읽어 보았으면 하는 책이란다. 사람다움에 대해 깊이 이해할 수 있다면, 제대로 된 로봇을 만드는 데도 분명 도움이 되겠지?

이 책 한번 볼래?

『공학이란 무엇인가』

성풍현 외 18인 / 살림Friends

진우는 '공학'이 무슨 학문인지 한마디로 말할 수 있니? 공학은 물리, 화학, 생물, 지구과학과 같은 기초과학으로부터 발견한 자연 원리를 인간을 위해 응용하는 학문 분야야. 과학자가 연구를 통해 자연 속에 숨어 있는 법칙과 진리를 발견하는 사람이라면, 공학자들은 그 지식을 인간 생활에 어떻게 적용시킬 것이며, 그 과정에서 어떤 경제적 이익을 얻을 수 있는지 탐구하지. 진우가 관심을 가지고 있는 '로봇공학'은 다른 공학 분야와 밀접하게 연관을 맺고 있기 때문에 이를 잘 파악해 둘 필요가 있어.

예를 들어 전자공학이나 기계공학, 컴퓨터공학은 로봇의 하드웨어를 구축하고, 소프트웨어를 만드는 데 도움을 줄 거야. 생명공학 및 뇌공학은 인공지능과 관련하여, 신소재공학은 로봇의 재료와 관련하여 많은 단서를 제공할 테고 말이야. 또 원자력공학은 영화 〈아이언맨〉에서 보듯 로봇의 에너지원에 대한 아이디어를 얻을 수 있는 학문이고, 산업디자인학은 로봇의 외형을 디자인하는 데, 산업공학이나 시스템공학은 로봇을 생산하는 최적의 시스템을 설계하는 데 큰 영감을 줄 거야. 이렇게 다양한 갈래로 나뉘는 공학의 기초 개념을 이해하고, 여러 학문을 융합해 응용할 수 있는 역량을 키우길 바라는 마음으로 진우에게 『공학이란 무엇인가』를 소개할게. 이 책을 통해 진우가 미래의 훌륭한 엔지니어가 되겠다는 장래 희망을 구체화할 수 있길 바랄게.

이 책 한번 볼래?

『뇌를 바꾼 공학, 공학을 바꾼 뇌』

임창환 / MID

인간의 뇌는 흔히 작은 우주에 비유되곤 해. 그만큼 아직 밝혀지지 않은 분야가 무궁무진하다는 의미겠지. 하지만 넓은 우주처럼 미지의 대상으로만 여겨졌던 뇌의 비밀은 인간의 집요한 연구에 의해 서서히 밝혀지고 있단다. 『뇌를 바꾼 공학, 공학을 바꾼 뇌』는 인공지능이나 로봇을 연구하는 데 필수 요소라고 할 수 있는 뇌공학의 현재와 미래를 쉽게 설명한 책이야. 뇌공학은 뇌의 작동 원리를 이해하고, 이를 컴퓨터나 반도체 등 각종 공학 기술에 응용하는 실용적인 학문이야. 이 책은 뇌공학 연구가 거둔 최신 성과를 전하면서 이 놀라운 첨단 기술이 실생활에 가져올 변화가 무엇인지 보여 주고 있어. 이를테면 컴퓨터가 인간의 감정 상태를 읽어 내, 그에 맞게 기분 전환용 음악을 들려주거나 적절한 조언을 하는 등의 일은 이제 더 이상 공상에 그치지 않는다고 해.

뇌공학이 다루는 것은 비단 로봇이나 인공지능 분야에만 국한되지 않아. 뇌에 관한 연구는 알츠하이머병이나 파킨슨병과 같은 뇌 관련 질환을 정복하는 열쇠도 될 수 있기에, 뇌공학의 미래 가치는 무궁무진하지. 뇌 연구의 중요성과 가치를 간파한 선진국들은 이미 오래전부터 이 분야에 과감한 투자를 아끼지 않고 있단다. 진우가 지금부터라도 뇌공학에 관심을 가져서 우리나라 로봇공학의 발전에 많은 기여를 해 주었으면 좋겠구나.

이 영화 한번 볼래?

〈바이센테니얼 맨〉

크리스 콜럼버스 감독 / 1999년

〈바이센테니얼 맨〉은 1999년에 발표된 작품으로, 당시에 2005년이라는 가까운 미래를 상상해 인간을 닮은 가사 로봇을 등장시켰어. 지능형 로봇과 함께 살아가는 인간의 미래를 미리 엿볼 수 있다는 점에서 무척 흥미로

웠지.

영화의 주인공은 인간과 닮은 외모에 '앤드류 마틴'이라는 이름까지 가진 가사 로봇이야. 앤드류는 집안일과 육아를 도맡아 했을 뿐만 아니라, 특유의 공손하고 싹싹한 성격으로 주인집 가족들의 사랑을 받으며 생활했어. 그러나 어느 날부터 기계답지 않은 이상한 질문들을 던지는 등 색다른 모습을 보이기 시작해. 심지어 주인집 막내딸과 함께 피아노를 치고, 그녀에게 나무조각상을 만들어 주는 등 '인간적인 재능'을 보이기까지 하지. 문제의 발단은 제조 과정에서의 실수였어. 엔지니지어가 회로에 마요네즈를 떨어뜨리는 바람에 앤드류가 지능과 호기심을 가진 로봇이 된 거야!

점점 인간적 모습을 드러내는 앤드류는 주인집 막내딸을 연모하게 돼. 그리고 수십 년 후, 그녀와 똑같이 생긴 주인집 손녀를 다시 사랑하게 되지. 앤드류는 사랑하는 이와 함께 늙어 가기 위해 로봇으로서의 영원한 삶을 포기하고 인간의 유한한 삶을 선택한단다. 로봇이 자살이라도 하는 거냐고? 앤드류는 자신의 몸에 혈액을 돌게 하고 소화 시스템을 장착해 신체를 늙어 가게 만든단다. 무병장수를 꿈꾸는 인간과 너무도 대비되는 모습이지. 이 작품은 인간과 로봇의 경계, 인간이라는 존재의 규정, 인간다움이란 무엇인지에 대해 곰곰이 생각하게 만드는 속 깊은 영화라는 생각이 들어. 시간 내서 꼭 한번 감상해 보렴.

이런 책은 어때?

☞ 난이도
★ 하
★★★ 중
★★★★★ 상

● **인공지능의 서막을 연 인물의 치열한 삶과 사상의 궤적을 알고 싶은 이들에게**

앤드루 호지스의 『튜링: 이미테이션 게임』(해나무) ★★

박정일의 『튜링&괴델: 추상적 사유의 위대한 힘』(김영사) ★★★★

● **로봇의 개발 과정을 살펴보고, 로봇에 대한 지평을 넓히고 싶은 이들에게**

전승민의 『휴보이즘』(MID) ★★

스티븐 베이커의 『왓슨, 인간의 사고를 시작하다』(세종서적) ★★★

● **인공지능, 딥러닝 등 미래 산업 전반에 대한 통찰력을 얻고 싶은 이들에게**

마쓰오 유타카의 『인공지능과 딥러닝』(동아M&B) ★★★★

김대식의 『김대식의 인간 vs 기계』(동아시아) ★★★★

● **로봇을 둘러싼 기술적 · 사회적 문제에 대해 깊이 생각해 보고 싶은 이들에게**

한재권의 『로봇 정신』 (월간로봇) ★★★

김문상의 『로봇 이야기』(살림) ★★★★

웬델 월러치 · 콜린 알렌의 『왜 로봇의 도덕인가』(메디치미디어) ★★★★★

● **인공지능, 로봇 등에 대한 상상력을 담은 문학 작품을 읽고 싶은 이들에게**

아서 C. 클라크의 『2001 스페이스 오디세이』(황금가지) ★★★

카렐 차페크의 『로봇』(모비딕) ★★★

● **지성과 감성의 영역, 인문학과 자연과학의 경계를 넘나들며 '인간다움'의 진실을 추적하고 싶은 이들에게**

브라이언 크리스찬의 『가장 인간적인 인간』(책읽는수요일) ★★★★

헤닝 엥겔른의 『인간, 우리는 누구인가?』(을유문화사) ★★★★★

스왓(SWOT) 분석

선생님이 네가 꿈꾸는 너의 미래를 일목요연하게 정리해 봤어.
선생님이 해 준 이야기를 참고해서 너에게 꼭 맞는
자신만의 꿈을 설계해 보렴.

S Strength 강점

- 차세대 미래 산업으로서 유망 직업군으로 손꼽힘.
- 산업 현장은 물론 재난·재해 현장에서 지속적으로 수요가 창출되고 있음.

W Weakness 약점

- 로봇과 관련한 다양한 사회적·윤리적 문제가 있음.
- 로봇이 일상적으로 활용되기까지 해결해야 할 기술적 난제가 많음.

O Opportunity 기회

- 최근 '알파고' 등 인공지능에 대한 관심이 최고조임.
- 국가에서 정책적으로 로봇 산업을 육성하고자 함.

T Threat 위협

- 로봇이 전쟁·테러 등 살상용으로 악용될 가능성을 배제할 수 없음.
- 로봇과 인공지능 기술 발달이 대량 실업 문제를 야기할 것이라는 우려가 높음.

관련 직업

항공우주공학자, 천문학자

우주는 넓디넓고 할 일은 많다

: '우주인'을 꿈꾸는 친구들에게

▸▸ **핵심 도서**

『우주 쓰레기』 고나영 / 와이즈만BOOKS

『파피용』 베르나르 베르베르 / 열린책들

『어린 왕자』 생텍쥐페리 / 열린책들

선생님, 저 동희예요. 저는 평소에 SF 영화를 즐겨 보는데, 그중에 가장 기억에 남는 건 〈인터스텔라〉예요. 우주인들이 외계 행성 탐사에 나서는 모습이 얼마나 흥미진진하던지! 커다란 우주선이 웜홀을 통과해 머나먼 새 은하계에 도착하는 장면은 신비로움 그 자체더라고요. 이 영화 덕분에 우주인에 대한 꿈이 생겼어요. 우주선을 타고 우주 너머로 탐험을 떠나는 주인공의 모습에 완전히 매료되었거든요.
이다음에 저도 우주인이 되어 우주를 탐험해 보고 싶어요.
제 손으로 직접 멋진 우주선을 만들고 싶기도 하고요. 그것도 아니면 우주의 신비를 밝히는 천문학자가 되는 것은 어떨까요?
제 꿈이 너무 황당한가요? '우주'를 제 꿈의 무대로 삼으려면 무엇을 더 알아 두면 좋을까요? 저는 어떤 마음가짐으로 미래를 준비해야 할까요?

공쌤의 편지

우주에 대한 호기심은 인간의 근원적 욕망

동희가 우주를 주제로 한 SF 영화를 보고 우주에 대한 꿈을 품게 되었구나. 선생님도 동희가 본 그 영화를 참 감명 깊게 보았단다. 영화를 보고 나서, '우주'라는 것은 정말이지 인간이 상대하기에 너무나도 벅차고 광활한 공간이라는 생각이 들었다. 아니, 우주가 과연 '단순히 공간일 뿐일까.'라는 생각마저 들더구나. 공간과 시간이 절묘하게 결합된 미지의 세계라서, 인간의 이성이 미치는 범위를 이미 초월한 영역 같았거든. 그럼에도 불구하고 태초부터 우주에 대한 인간의 탐구욕은 대단했어. 고대 그리스의 철학자들이 우주를 수없이 탐구했다는 것은 이미 알고 있지? 그런데 동양의 『천자문(千字文)』에도 우주에 대한 이야기가 담겨 있다는 사실, 혹시 알고 있니?

옛날 사람들이 한문을 처음 배울 때 접하는 책이 바로 『천자문』이었어. 그런데 『천자문』이 무슨 글자들로 시작하는지 기억하니? "하늘 천, 땅 지, 검을 현, 누를 황…." 이렇게 시작되는 천자문의 서두는 사실 옛사람들이 파악한 우주의 원리를 표현한 것이란다. 사람이 태어나서 문자를 처음 접하는 유아 시절에 우주의 원리를 제일 먼저 가르쳤던 셈이지.

『천자문』의 첫 구절인 '천지현황(天地玄黃)', 즉 '하늘 천, 땅 지, 검을 현, 누를 황'을 풀면, 하늘은 그 빛이 검고 땅은 그 빛이 누르다는 뜻이야. 이어지는 '우주홍황(宇宙洪荒)', 즉 '집 우, 집 주, 넓을 홍, 거칠 황'을 해석하면, 우주는 넓고 거칠다는 뜻이고 말이야. 이미 선조들은 우주의 광활함을 알고 있었나 봐. '거칠다'고 표현한 것은 인간에 의해 길들여지지 않아 인간이 예측할 수 없는 미지의 영역이라는 의미일 거야. 그다음 구절은 '일월영측(日月盈昃)', 즉 '날 일, 달 월, 찰 영, 기울 측'인데, 말 그대로 해와 달이 뜨고 지는 반복되는 자연현상을 가리키는 것이야. 이어지는 '진숙열장(辰宿列張)', 즉 '별 진, 잘 숙, 벌일 열, 베풀 장'은 별들이 각자 자기 자리가 있어 하늘에 넓게 벌여 있다는 뜻으로, 오늘날로 말하면 별자리가 있다는 것이지. 결국 『천자문』의 서두에는 해, 달, 별로 대표되는 천체의 기초적인 운행 원리가 담겨 있다고 볼 수 있어. 압축된 '천문학 개론'이라 할 만큼 우주에 대한 진리를 밝히려는 옛사람들의 우주적 관심이 응축되어 있는 셈이지. 그렇게 보면 동희가 우주에 관심을 가지게 된 것은 황당하지도, 그리 특별하지도 않아. 인간이라면 누구나 가질 수 있는 원초적인 욕망인 거지. 다만 우주인으로서의 삶이 그리 녹록지 않다는 사실을 동희가 알고 있었으면 좋겠다.

우주인의 사명, 그리고 의무는 어디까지일까

우주를 대상으로 하는 직업에는 여러 가지가 있는데, 동희가 관심을 보인 '우주인(宇宙人)'은 '우주 비행을 위하여 특수 훈련을 받은 비행사'를 뜻하고, '항공우주공학자'는 '우주 공간에서 비행하거나 유영할 수 있는 물체의 설계, 제작, 발사, 그리고 통제 등에 대해 연구하는 사람'을 말해. 그러니까 둘 사이의 개념은 구별해 두는 것이 좋겠어. 그리고 '천문학자'는 '순수 학문으로서 우주와 천체의 온갖 현상과 그에 내재된 법칙성을 연구하는 학자'로, 자연과학을 연구하는 과학자라고 할 수 있지.

이 가운데 동희가 가장 관심 있는 분야는 아마도 '우주인' 같구나. 하지만 우주인은 개인이 되고 싶다고 해서 마음대로 될 수 있는 것은 아니고, 일정 기간 동안 우주인 양성 기관에서 고도의 훈련과 교육을 받아야 해. 현재 우주인을 양성하는 데는 어마어마한 투자가 필요하단다. 한국 최초의 우주인 이소연 박사를 교육하고 훈련시키는 데에만 250억 원 이상이 소요된 것으로 알려져 있지. 그래서 민간보다는 정부가 주도하여 국가 정책의 일환으로 우주인을

양성하고 있어. 이런 점에서 본다면 개인의 영달이나 부귀공명을 위해 우주인이 된다는 것은 있을 수 없는 일이라 할 수 있지. 비록 한 개인을 대상으로 했지만, 이는 엄연히 국민의 세금으로 이루어진, 국가의 미래를 위한 중대한 투자나 다름없거든.

2014년 대한민국 최초의 우주인으로 알려진 이소연 씨가 '일보다는 가족이 우선'이라는 말을 남기고 항공우주연구원에서 자진 퇴사했어. 그리고 미국에서 새로운 커리어를 찾아 나섰지. 이를 두고 우리 사회에서 이른바 '먹튀' 논란이 일었던 것이 바로 이와 같은 맥락에서 불거진 일이란다. 수백억 원을 들여 우주인을 만들어 놓았더니, 방송 출연이나 책 출판 등으로 큰 수익만 챙기고 그만두다니 도의적으로 문제가 있다는 거지.

하지만 이소연 씨의 결정이 무조건 잘못되었다고 할 수는 없어. 일단 이소연 씨는 사전에 약속한 대로 2년의 의무 복무 기간을 채웠고, 그 기간 동안 사생활 없이 동분서주하며 국가를 위해 봉사했단다. 게다가 우리나라는 미국·중국 등과 달리 우주 관련 연구나 사업에 큰 투자를 하지 않는 등, 연구자로서 이소연 씨의 미래를 보장해 줄 수 없었던 것도 사실이야. 큰돈을 들여 양성했다고 해서 우주인이 죽을 때까지 국가를 위해 봉사해야 한다는 생각도 절대적으로 옳은 것은 아니고. 너도 알다시피 개인에게는 행복을 추구할 권리도 있는 거니까. 동희, 네 생각은 어때?

우주 쓰레기, 누가 치워야 하나

동희야, 네가 생각해 보았으면 하는 문제가 하나 더 있어. 우리가 영화나 다큐멘터리를 통해 보는 우주는 깨끗하고 하염없이 넓은 공간이잖아. 그런데 우주 공간에는 지구에 있는 쓰레기보다 더 위협적인 이른바 '우주 쓰레기'가 많이 돌아다녀. 왜 이렇게 우주 공간에 쓰레기가 넘쳐 나는지 혹시 아니?

지난 반세기 동안 인류는 수천 개의 위성을 발사했어. 그런데 현재 지구와 교신하며 민간 또는 군사용으로 활동하고 있는 위성은 1,000개 정도에 지나지 않아. 나머지는 발사에 실패하여 애초에 목적했던 궤도에 진입하지 못했거나, 궤도 진입에 성공해 활동했어도 이미 수명이 다했기 때문이지. 결국 상당수의 위성이 우주 미아처럼 우주 공간을 떠돌고 있단다. 게다가 위성이 노화하여 추락하는 과정이나 선진국의 우주 무기 개발 경쟁으로 인해 우주에서 실시된 위성 격추 실험 등에서 파편이 발생하기도 해.

그런데 드넓은 우주를 떠도는 우주 쓰레기가 왜 그리 큰 문제가 되는지 궁금하지 않니? 지구 궤도에서 떠다니는 파편들은 비행기보다 30배 이상 빠른 속도로 움직이고 있어. 대부분 인공위성이나 로켓의 부산물이기 때문에, 본체의 속도를 그대로 유지하고 있는 거지. 이것이 다른 위성이나 우주정거장 등에 부딪히면, 대형 폭발이 일어나는 것은 순식간이야. 만에 하나 우주에서 위성끼리 충돌하는 사건이 발생하면 파편은 기하급수적으로 늘어나는 참사가 발생하지.

일단 발생한 우주 쓰레기는 회수하기가 매우 어려워서 나중에 우주산업의 위기를 불러올 수도 있어. 하지만 치우는 데 비용이 많이 들고, 딱히 이를 강제하는 사람이나 기구가 없기 때문에 어느 나라에서도 적극적으로 나서지 않고 있지. 지금도 인공위성들은 하루에도 몇 번씩 빠르게 스쳐 지나가는 우주 쓰레기들로부터 큰 위협을 받는다고 해. 세계적으로 우주개발의 규모가 더욱 커지고 있음을 감안할 때, 우주 쓰레기를 둘러싼 다양한 이해관계나 분쟁을 조정할 수 있는 '우주법'을 제정해야 하는 것은 아닌지 모르겠어.

『우주 쓰레기』라는 책을 보면 우리가 단순히 낭만적이고 낙관적으로 여기고 있는 우주개발이 어떤 부작용을 불러일으키고 있는

지 쉽게 알 수 있어. 2200년 대한민국을 배경으로 우주여행을 자유롭게 할 만큼 과학이 발달한 미래에서 펼쳐지는 이야기를 담은 책인데, 주요 독자층은 초등학생으로 보이지만 동희가 읽어도 배울 게 많은 책이니까 한번 가볍게 훑어보면 좋을 거야. 이 책에는 국제우주정거장(ISS)에서 근무하는 우주 청소부가 나와서 우주 쓰레기가 어떻게 만들어지고, 그 피해가 얼마나 무서운지 설명을 해 줘. 우주 쓰레기 문제는 한 국가의 문제가 아니라 전 세계가 함께 풀어야 하는 문제라는 사실을 깨달을 수 있을 거야. 실제로 지금도 우주 쓰레기를 없애기 위해 세계의 과학자들이 어떤 고민과 노력을 하고 있는지도 알 수 있을 거고.

골목길의 쓰레기를 누군가 치우지 않는다면 쓰레기가 넘쳐

나 아무도 길을 다니지 못하게 될 거야. 이와 마찬가지로 인류가 우주 쓰레기 문제에 대해 지금부터라도 본격적인 고민을 하지 않는다면 머지않은 미래에 더 큰 비용과 대가를 치르게 될지도 몰라. "호미로 막을 것을 가래로 막는다."라는 속담도 있듯이 미리 서둘러 손을 써 두는 것이 좋지 않겠니? 이 책을 읽으며 우주 쓰레기를 없애기 위해 우주개발을 어떻게 규제해야 하는지, 어떤 방향으로 우주개발을 하는 것이 옳은지 생각해 보는 기회가 되었으면 좋겠어.

우주로 향하는 인간이 잊지 말아야 할 곳, 지구

인류가 우주를 개발하려는 데에는 지구가 소모되고 있다는 인식이 자리 잡고 있단다. 소모된다는 것은 지구의 자원이 고갈될 때가 머지않았다는 뜻이기도 하고, 지구환경이 그만큼 황폐화되었다는 의미이기도 하지. 인류는 고갈 직전의 지구를 대체할 공간을 결국 지구의 밖, 우주에서 찾을 수밖에 없는 상황이야. 당장 눈앞에 닥칠 위기는 아니지만 먼 미래를 미리 준비하고 있는 셈이지. 베르나르 베르베르의 소설 『파피용』을 보면, 지구를 떠나 우주로 향하는 인간의 모습을 미리 엿볼 수 있어. 지구의 먼 미래가 배경인 이 이야기는 위태로워진 지구환경으로 인해 멸종 위기에 놓인 인류의 막막한 상황에서 시작해. 이런 인류를 구하기 위해 어떤 항공우주공학자가 태양빛을 동력으로 움직이는 거대한 우주선을 제작하지. 그렇게 만들어진 우주선 '파피용호'는 무려 14만 4,000명의 지구인을 태우고 새로운 희망의 별을 향해 떠나게 된단다. 황폐해진 지구를 떠난 그들은 파피용호를 타고 2,000년은 족히 가야 닿을 수 있는 새로운 별을 목적지로 정했어. 지구인들은 그곳에 닿을 때까지 우주선에서 지구에서와 똑같이 살아가게 되지. 결말이 아주 흥미로운데 선생님의 이야기가 스포일러가 되면 안 되니까 동희가 직접 읽어 보았으면 해.

그동안 우주를 향한 프로젝트는 주로 미국과 러시아가 중심이 되어 이루어졌어. 그런데 최근 중국과 인도, 이란, 일본, 한국 등 아시아 국가들이 우주개발에 팔을 걷어붙이는 사례가 부쩍 늘었지. 우주개발이 당장 국가에 큰 이득을 주는 것도 아닌데 세계적으로 많은 국가가 주목하는 데는 이유가 있어. 우주선과 로봇, 실험 기구 등의 개발이 과학기술 발전에 크게 기여할 뿐만 아니라, 무엇보다도 정치적·군사적으로 이용할 가치가 충분하기 때문이야. 특히 군사적 목적을 배제할 수 없지. 겉으로는 우주 프로그램이 평화적 목적이라고 그들은 주장하지만, 우주 기술은 곧바로 군사적으로 전용이 가능해. 우주 발사체는 미사일과 핵심 기술이 비슷하고, 위성은 적의 군사 기밀을 수집하는 첩보용으로 언제든지 쓸 수 있거든. 이런 생각에까지 미치게 되면 자칫 우주개발이 인류를 파멸로 이끌 수도 있겠다는 두려움이 생기기도 한단다.

이즈음 동희가 이미 읽어 보았을 『어린 왕자』 이야기를 잠깐 할까 해. 자존심 세고 오만한 장미를 남겨 두고 다른 별을 여행하던 어린 왕자는 일곱 번째로 방문한 지구에서 지혜로운 여우 한 마리를 만나게 돼. 이 여우는 어린 왕자에게 '길들인다'는 것의 의미를 알려 주지. 길들인 것에 대한 소중함을 알게 된 어린 왕자는 정원에 핀 수많은 꽃들이 자기의 장미와는 조금도 닮지 않았다는 것을 인식하고, 그 장미들이 자기에게 아무런 가치도 없다는 것을 깨닫게 된단다. 이때 여우가 어린 왕자에게 이런 말을 해.

"언제나 네가 길들인 것에 대해서는 책임을 져야 해. 넌 네 장미에 대해 책임이 있는 거야."

어린 왕자는 지구에 떨어진 지 꼭 1년이 되던 날, 두고 온 장미를 책임지기 위해 자기 별로 돌아갈 것을 결심하게 되지.

이런 어린 왕자의 모습을 보며 선생님은 많은 생각을 했단다. 여러 별을 여행하는 어린 왕자와, 끊임없이 우주개발을 위해 노력하는 인간의 모습은 너무도 닮아 있어. 그런데 여전히 우주를 짝사랑하는 인간들과는 달리, 어린 왕자는 사랑하는 장미를 책임지기 위해 자기 별로 돌아가려 하지. 그렇다면 과연 인류가 궁극적으로 책임져야 할 '장미'는 무엇일까? 우리가 태어나고 오랫동안 길들여 온 지구가 아닐까? 지금 인류의 발걸음과 호기심은 더 넓은 우주로 향하고 있어. 하지만 그 과정에서 결코 잊지 말아야 할 것은, 우리가 발을 디디고 살아가는, 그리고 수많은 시간을 보내게 될 이 지구를 책임져야 한다는 사실이 아닐까? 지구는 우주개발을 하는 모든 우주인들의 든든한 뿌리 같은 존재이니까 말이야.

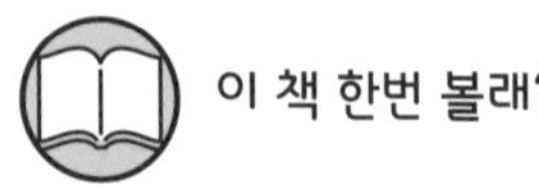

『코스모스』

칼 세이건 / 사이언스북스

미국의 천문학자 칼 세이건이 쓴 이 책은 20세기 과학 대중 도서의 역작으로 평가받고 있단다. 천문학자를 꿈꾸는 이들이 '바이블'처럼 여기는 책으로, 동희가 재미있게 봤다는 영화 〈인터스텔라〉를 만든 크리스토퍼 놀란 감독도 즐겨 읽었다고 해. 책의 제목인 '코스모스(cosmos)'는 그리스어에서 유래한 단어로 질서 정연한 우주를 의미해. 제목의 의미처럼, 무질서해 보이지만 그 안에 나름의 질서를 지닌 우주의 관점에서 서술된 책이지.

저자인 칼 세이건은 20세기 천문학과 행성 탐사의 새로운 성과들을 소재로 삼아, 대중에게 우주에 대한 개념을 확고하게 심어 주고 있어. 그는 우주의 특징과, 태양계 여러 행성의 특성을 하나씩 보여 주며 친절한 '우주 여행 안내자'의 역할을 한단다. 20세기 우주의 탄생과 은하계의 진화, 태양의 삶과 죽음, 우주를 떠돌던 먼지가 의식 있는 생명이 되는 과정, 외계 생명의 존재 문제 등 매우 광범위한 주제를 차근차근 소개해 나가고 있지.

저자의 뛰어난 글솜씨도 매력적이지만, 수백 장의 사진과 삽화가 곁들여 있어 지루하지 않게 읽을 수 있을 거야. 이 책을 읽다 보면, 지구라는 행성에 깃들어 살고 있는 인류가 우주의 중심이 아닌 변방임을 깨닫게 될 거야. 한편으로는 우주에서 한낱 먼지 같은 존재인 인간이 광활한 우주의 모든 것을 이해하고자 노력하고 있다는 사실 자체가 대단하게 느껴질 것이고 말이야.

이 책 한번 볼래?

『그림으로 보는 시간의 역사』

스티븐 호킹 / 까치

"40개 국어로 무려 900만 부 이상이 팔려 나간 20세기의 전설적 고전." 바로 우주물리학자 스티븐 호킹이 쓴 『시간의 역사』를 소개하는 문구야. 스티븐 호킹은 20세 때부터 루게릭병을 앓았는데, 휠체어에 겨우 몸을 의지하면서도 우주물리학 연구를 계속해 46세인 1988년에 이 책을 펴냈어.

이 책이 다루는 것은 물리학 최첨단 분야인 시공간과 우주에 대한 이야기야. 시공간과 우주를 바라보는 우리의 시각이 어떻게 변화해 왔는지 최첨단 물리학 이론을 바탕으로 추적하고 있지. 인간이 시공간을 이해해 온 역사는 갈릴레이, 뉴턴 등 과거 과학자들의 연구를 지나, 아인슈타인의 상대성 이론으로까지 이어지고 있단다. 그런가 하면 물질의 근원 및 그들 사이의 상호작용은 양자역학이라는 물리학 이론을 기반으로 서술되고 있지. 동희가 특히 흥미를 가질 법한 주제는 '시간 여행'을 다룬 부분이야. 만약 타임머신이 만들어진다면 우리는 미래를 미리 알 수 있는 걸까? 또 타임머신을 타고 돌아가서 과거를 바꿀 수 있을까? 이 흥미진진한 물음에 대한 저자의 설명을 듣고 싶다면 직접 책을 읽어 보렴. 200여 쪽의 적은 분량에 우주와 물질, 시간과 공간의 역사 등 많은 이야기를 풀어내고 있어서 동희가 이해하기는 쉽지 않은 책이야. 하지만 우주에 대해 공부하고 싶다면 꼭 짚고 넘어가야 할 책이니 반드시 기억해 두었으면 해. 우리가 몸담고 있는 우주, 그리고 시공간의 본질에 대해 깊은 통찰력을 얻게 될 거야.

이 영화 한번 볼래?

〈그래비티〉

알폰소 쿠아론 감독 / 2013년

〈그래비티〉는 우주에 홀로 고립된 우주인이 무사히 지구로 돌아오는 과정을 긴박하게 그린 영화란다. 이 작품은 앞서 이야기했던 우주 쓰레기에 의해 위성이 파괴되어, 광활하고 막막한 우주 공간에서 표류하는 우주인의 상황을 실감 나게 그려 냈어.

주인공 라이언 박사는 허블 망원경을 수리하기 위해 파견된 우주인인데, 네 살 난 딸이 사고로 죽고 난 뒤 망망대해 같은 우주로 오지. 그런데 임무를 수행하던 중 폭파된 인공위성의 잔해 때문에 주인공 일행이 탄 우주왕복선이 파괴되는 바람에, 라이언 박사는 동료를 잃고 홀로 살아남아 우주 미아가 된단다.

영화는 우주 공간에 홀로 남은 라이언 박사의 사투를 생생하게 보여 줘. 지구 및 우주정거장과의 모든 통신이 끊기고, 완벽한 침묵과 암흑에 휩싸인 상황은 공포 그 자체이지. 라이언 박사의 시선을 따라가면, 광활한 우주 공간에서 인간이 얼마나 미미한 존재인지 절절히 느낄 수 있을 거야. 주인공의 고립감과 막막함은 우주 공간에 대한 공포감과 긴장감으로 다가와서, 마치 관객도 그녀와 함께 우주 공간에 있는 것 같은 착각을 불러일으킨단다. 그런 착각은 영화 상영 내내 한순간도 방심할 수 없게 만드는 요인이고 말이야.

홀로 우주를 유영하는 라이언 박사의 모습을 지켜보는 것만으로 느낄 것이 많은 작품이야. 우주인을 꿈꾸는 동희가 우주인의 생활을 미리 간접 체험할 수 있는 절호의 찬스가 되는 영화이니 꼭 챙겨 보렴.

이런 책은 어때?

☞ 난이도
★ 하
★★★ 중
★★★★★ 상

● 물리학과 천문학의 위대한 업적을 자세히 살펴보고 싶은 이들에게

에른스트 페터 피셔의 『별밤의 산책자들』(알마) ★★★★
스티븐 호킹의 『거인들의 어깨 위에 서서』(까치) ★★★★★

● 우주 탐험의 역사와 미래를 천문학, 우주지질학, 화학, 생물학, 인류학 등의 시각에서 입체적으로 살펴보고 싶은 이들에게

크리스 임피 · 홀리 헨리의 『스페이스 미션』(플루토) ★★
이강환 외 4인의 『외계 생명체 탐사기』(서해문집) ★★★
스티븐 L. 퍼트라넥의 『화성 이주 프로젝트』(문학동네) ★★★
칼 세이건의 『창백한 푸른 점』(사이언스북스) ★★★★

● 우주 탄생의 비밀을 알고 싶은 이들에게

야자와 사이언스오피스의 『세상은 어떻게 시작되었나?』(바다출판사) ★★
스티븐 와인버그의 『최초의 3분』(양문) ★★★★★
앨런 구스 외 20인의 『우주의 통찰』(와이즈베리) ★★★★★

● 빅뱅, 블랙홀, 양자역학 등 우주에 관한 기본적인 상식을 쌓고 싶은 이들에게

리처드 T. 해먼드의 『우주와의 인터뷰』(이지북) ★★★
손영종의 『우주 레시피』(오르트) ★★★★

● 우주인, 항공우주공학자의 우주 탐사 과정을 간접 체험하고 싶은 이들에게

베아 우스마 쉬페르트의 『달의 뒤편으로 간 사람』(비룡소) ★
다치나바 다카시의 『우주로부터의 귀환』(청어람미디어) ★★★
메리 로치의 『우주 다큐』(세계사) ★★★
마이클 콜린스의 『플라이 투 더 문』(뜨인돌) ★★★

스왓(SWOT) 분석

선생님이 네가 꿈꾸는 너의 미래를 일목요연하게 정리해 봤어.
선생님이 해 준 이야기를 참고해서 너에게 꼭 맞는
자신만의 꿈을 설계해 보렴.

S Strength 강점

- 직업으로서 독보적인 희귀성이 있음.
- 국가와 인류를 위해 사명감을 가지고 일할 수 있음.

W Weakness 약점

- 우주인은 훈련 등의 이유로 가족과 떨어져 지내는 기간이 길고, 사생활을 추구하기 어려움.

O Opportunity 기회

- 세계적으로 우주 개발에 박차를 가하는 분위기가 고조됨.
- 국가 정책으로 추진되는 일이 많으므로 직업적 안정성이 보장됨.

T Threat 위협

- 우주 기술이 전쟁에 악용될 소지가 있음.
- 인류가 미처 경험해 보지 못한 미지의 영역이기 때문에 위험성이 상존함.

2

상상력과 실험 정신으로 진부함에 맞서다

: 문화, 예술, 창의력의 가치는 무엇일까?

관련 직업

소설가, 시나리오 작가, 웹툰 작가

참을 수 없는 이야기의 매력을 탐하다

: '작가'를 꿈꾸는 친구들에게

▸▸ **핵심 도서**

『이야기의 힘』 **이창용 외 2인 / 황금물고기**

『아리스토텔레스의 시학』 **박정자 / 인문서재**

『당신은 지금 저작권 침해 중』 **오익재 / 성안당**

선생님, 안녕하세요? 시은이에요. 저는 책 읽기를 좋아하고 영화나 드라마도 즐겨 보는 편이에요. 재미있는 이야기는 사람의 마음을 이끄는 힘이 있는 것 같아요. 한번 즐겁게 읽었던 책은 때때로 다시 읽어 보는데, 아무리 봐도 질리지 않는 것 있죠? 어쩜 그렇게 흥미진진한지, 잠시 읽어 본다는 게 어느새 책 한 권을 뚝딱 읽게 되더라고요. 저도 사람들의 마음을 쥐락펴락하는 재미있는 이야기를 써 보고 싶어요. 독자들이 제가 만든 이야기를 읽으며, 이어질 내용을 궁금해한다면 정말 행복할 것 같아요.

참, 영국의 작가 조앤 롤링은 『해리포터』 시리즈의 엄청난 흥행으로 세계적인 베스트셀러 작가가 되어 부와 명예를 한꺼번에 얻었다면서요? 어떻게 하면 그렇게 유명한 작가가 될 수 있나요? 책을 많이 읽고, 글쓰기 연습을 많이 하면 될까요? 제가 훌륭한 작가가 되기 위해서 미리 해야 할 일이나 알아 둘 사실이 있다면 알려 주시겠어요?

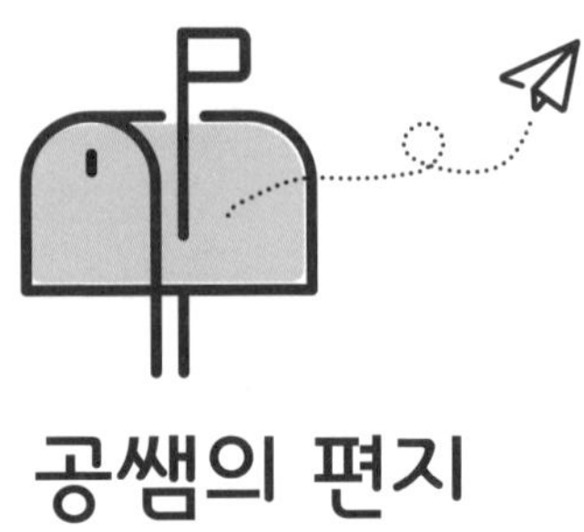

공쌤의 편지

지금은 '스토리텔링 시대'

'뭐 재미있는 이야기 없나?' 이런 생각 해 본 적 있지? 유난히 심심할 땐 무엇인가를 이야기하고 싶고, 또 무슨 이야기라도 듣고 싶어지게 마련이야. 그런데 왜 하필 이야기일까? '이야기'라는 의사소통 방식은 즐거움을 주기 때문에 그래. 시은이도 그렇겠지만, 모든 인간에게는 자신만의 이야기가 있는 법이야. 이야기가 주는 감동은 인간을 비로소 인간답게 하는, 중요한 문화적 원동력이거든.

혹시 '스토리텔링(storytelling)'이라는 말 들어 봤니? 스토리텔링은 쉽게 말하면 '이야기 짓기', 혹은 '이야기 창작하기'인데, 상대방에게 전하고자 하는 바를 재미있고 생생한 이야기로 설득력 있게 전달하는 행위를 말해. 인류의 역사가 시작된 이래로 항상 스토리텔링은 존재해 왔어. 원시시대의 동굴벽화에서부터 현재의 웹툰까지, 창작의 도구나 형태는 달라졌어도 '이야기'는 문화를 이끄는 중요한 요소였지.

오늘날 스토리텔링은 문화 산업 전반에서 중요한 도구로 주목받고 있단다. 영화나 드라마 등 전통적인 스토리텔링은 이미 대중문화의 중심에 있고, 상품 마케팅에도 스토리텔링이 적극적으로 활용되고 있잖아. 또 입시나 취업 때 작성하는 자기소개서에도 스토리텔링을 가미하는 것이 트렌드라며? 이렇듯 스토리텔링은 서로의 감성을 공유하고 상상력을 자극하기에 효과적인 의사소통 방법으로 알려져 있어. 바야흐로 '스토리텔링 시대'에 우리는 살고 있는 거야.

그렇다면 미래에는 어떻게 될 것 같아? 덴마크의 미래학자 롤프 옌센이 미래는 꿈과 이야기 등의 감성적 요소가 중요하게 부각되는 '드림 소사이어티(dream society)'가 도래할 것이라고 예견한 바 있는데, 오늘날 스토리텔링이 여러 분야에서 적극적으로 활용되고 있는 현상을 보면 그의 전망에 고개가 끄덕여져.

이런 시대적 흐름을 감안할 때, 시은이가 꿈꾸는 작가라는 직업은 머지않아 지금보다 더 크게 각광받게 될 전망이야. 오늘날에는 드라마, 영화, 광고, 인터넷 등 다양한 매체를 통해 전달하고자 하는 내용을 이야기로 재미있게 구성하는 사람들을 모두 작가, 또는 '스토리텔러(storyteller)'라고 불러. 스토리텔러가 만들어 낸 이야기는 현대사회에서 다양한 산업 분야로 파생되어 큰 영향력을 끼치고 있단다.

만약에 시은이가 스토리텔러, 즉 '이야기꾼'이 되어야겠다고 마음먹었다면, 전통적인 문인으로서 소설가의 길을 선택해도 되지만, 영화나 게임 등의 흐름과 큰 줄거리를 잡아 나가는 영화 시나리오 작가, 게임 시나리오 작가 등의 길도 있다는 것을 알아 두렴. 또 최근에 인터넷 기술이 발달함에 따라 웹툰 작가나 웹 드라마 작가, 웹 소설 작가와 같이 인터넷을 무대로 활약하는 작가도 유망한 직업군으로 손꼽혀. 소재 발굴에 목이 마른 각종 대중매체 기획자들이 가장 눈여겨보는 곳이 바로 이야기 시장이거든. 앞으로 시은이가 재미있고 감동적인 이야기를 많이 만들어 내는 실력 있는 스토리텔러로 성장해 나가길 바랄게.

이야기의 매력, 이야기의 힘

우리는 일상 속에서 알게 모르게 수없이 많은 '이야기'를 접하며 살고 있어. 사건·사고를 다룬 신문 기사를 읽고, 인터넷으로 웹툰을 보며 낄낄대는가 하면, 학교에 가면 친구들과 어제 있었던 일로 수다를 떨고, 저녁에는 텔레비전 드라마를 보지. 이 모든 일상의 행위에서 '이야기'를 갈구하는 사람들의 본능을 엿볼 수 있어. 우리는 심지어 상당한 시간과 돈을 들여 가면서까지 이야기를 찾아다니고, 이야기가 주는 감동을 향유해. 재미있는 이야기를 읽기 위해 소

에두아르 프레데리크 빌헬름 리히터의 〈셰에라자드〉

설책을 사고, 감동적인 영화를 보기 위해 일부러 영화관을 찾아가 돈을 쓰고 시간을 소비하잖아. 조선 시대에는 사람들을 모아 놓고 이야기를 전해 주는 '전기수'라는 직업이 있었는데, 사람들이 그에게 이야기를 더 듣기 위해 돈, 그러니까 '이야깃값'을 지불했을 정도였어.

이렇듯 사람들을 유혹하는 이야기의 매력은 무엇일까? 이야기는 대체 어떤 힘을 가지고 있기에, 나방이 불을 보고 달려드는 것처럼 우리를 그 속으로 빠져들게 하는 걸까? 어릴 적 한 번쯤 읽어 보았을 『아라비안나이트』를 보면, 주인공 셰에라자드가 이야기의 힘을 잘 알고 있었던 것 같아. 셰에라자드는 매일 새로운 신부를 맞아 하룻밤 만에 죽여 버리는 잔혹한 왕에게 시집을 갔는데, 그에게 밤마다 재미있는 이야기를 들려줌으로써 1,000일이 넘도록 죽음을 면하잖아. 왕이 이야기를 계속 듣고 싶어 그녀를 죽이지 않고 살려 두었으니까 말이야.

이야기의 힘은 누군가의 마음을 움직이게 한다는 데에 있어. 이야기는 공감과 감동을 불러일으킨단다. 시은이도 이야기의 매력에 푹 빠져 주인공의 상황에 너무 깊이 감정이입한 나머지, 자신도 모르게 주인공을 모방하는 행동을 해 본 경험이 있을 거야. 이처럼 이야기는 사람의 마음을 움직이고, 행동에 변화를 가져오기도 해. 이것이 바로 이야기가 가진 특별한 힘이야.

이야기의 탄생부터 이야기가 가진 강력한 영향력을 파헤치고 있는 『이야기의 힘』에 의하면, 이야기는 세상을 움직이게 할 수도 있다고 해. 저자는 『성경』 속의 이야기가 오랫동안 흩어져 있던 유대 민족을 한데 모이게 한 힘이 되었다고 말해. 에이브러햄 링컨이 소설 『톰 아저씨의 오두막』을 읽고 미국의 노예해방을 결심하게 되었다는 것도 같은 맥락에서 살펴볼 수 있지. 그런가 하면, 세계 각국마다 전해지는 건국신화는 그 나라 민족으로서의 자긍심과 정체성을 가지게 함으로써 국가를 이끄는 보이지 않은 힘으로 작용하기도 해.

그렇다면 사람들을 더 강하게 유혹하는 이야기가 따로 있을까? 이 책에서는 시대를 초월하여 사람들의 흥미를 끄는 재미있는 이야기의 조건을 자세히 분석하고 있어. 매력적인 이야기는 우선 탄탄한 구성을 갖추고 있어야 해. 또 사람들이 충분히 매력을 느낄 만한 등장인물이 설정되어야 하는 한편, 등장인물이 명확한 갈등 구조로 엮여 있어야 하지. 그리고 관객의 열광을 이끌기 위해서는 반전의 묘미와 비극적 소재가 반드시 필요해. 관객은 반전이 가져다주는 어긋난 결과에 열광하고, 비극적 사건에 크게 공감하거든. 그런가 하면 '우리만 알고, 주인공은 모르는' 상황에서 발생하는 극적 아이러니(irony) 효과는 관객을 숨 막히는 긴장 속으로 몰아넣기 위해서 반드시 필요한 장치란다.

듣고 보니 그럴싸하지? 책을 직접 읽어 보면, 대중에게 인기를 얻었던 실제 이야기를 바탕으로 분석한 내용이기 때문에 공감이 많이 될 거야. '이야기'는 힘이 세기 때문에 그것을 짜임새 있게 만들어 낼 줄 아는 사람은 누구보다 타인의 마음을 잘 설득하고, 원하는 반응을 얻어 낼 확률이 높아. 이 책을 읽고 '스토리텔링' 실전 연습을 꼭 해 보렴.

스토리텔링의 비밀이 이 책에 있다

앞에서 재미있는 이야기의 조건을 분석해 보았는데, 사실 현대의 이야기를 논리적, 철학적으로 분석할 때 고전으로서 여전히 유효한 책이 있어. 바로 아리스토텔레스Aristoteles의 『시학(詩學)』이야.

인류 최초의 체계적인 문예 비평서로 평가받는 아리스토텔레스의 『시학』은 문학을 공부하는 사람에게는 필독서라고 할 만큼, 문학 이론의 고전이라 할 수 있단다. 『시학』은 스토리텔링 전반이 아니라, 시(詩)에 관한 내용만 다루는 책 아니냐고? 아리스토텔레스가 활동한 고대 그리스 시절에 시는 곧 문학이었어. 얼핏 시에 관한 이론처럼 보이지만, 아리스토텔레스가 말한 '시'는 서정시, 서사시, 소설, 드라마 등을 모두 포괄하는 용어라고 봐야 해.

아리스토텔레스

아리스토텔레스의 『시학』은 모든 이야기의 바탕이 될 만큼 중요한 책이지만, 시은이가 직접 이해하기는 어려운 편이란다. 하지만 『아리스토텔레스의 시학』을 통해서라면 조금 쉽게 아리스토텔레스의 말을 들여다볼 수 있어. '스토리텔링의 비밀이 된'이라는 부제가 말해 주듯, 이 책은 『시학』에 숨어 있는 스토리텔링의 기본 원리를 따로 떼어 내어 쉽게 설명하고 있단다. 저자는 아리스토텔레스의 『시학』을 대중이 이해하기 쉽게 번역했을 뿐만 아니라, 오늘날 인기 있는 영화, 드라마 등의 다양한 서사를 접목시켜 생동감 있게 분석하고 있지. 이야기의 매력을 한층 끌어올리는 반전의 묘미에 대해서는 이렇게 설명하고 있어.

> 소설, TV 드라마, 혹은 영화에서 생각지도 못한 비밀이 드러나면서 스토리의 흐름이 급격히 변화할 때 우리는 '반전이 있다'고 말한다. 놀라운 비밀과 반전의 연결이 정교하면 할수록 독자, 관람자, 혹은 시청자는 쾌감을 느낀다. 최첨단의 트렌디한 이론인 것 같지만 실은 고대 그리스의 아리스토텔레스가 『시학』에서 수립한 미학이다. 영상이 태어나기 2천 3백여 년 전(B.C. 335년)에 마련된 이 서사 기법은 올드하기는커녕 해가 갈수록 새롭고 신선한 젊음을 자랑한다.
>
> — 박정자, 『아리스토텔레스의 시학』에서

요즘 소위 말하는 '막장 드라마'에서 넘쳐 나는 출생의 비밀은, 사실 아리스토텔레스가 『시학』에서 수시로 언급하는 「오이디푸스 왕」이라는 작품의 비극성에서 그 원형을 찾아볼 수 있다고 해. 오이디푸스 왕은 자신도 모르게 아버지를 살해하고 어머니와 결혼하는 패륜을 저지르는 비극적 운명의 인물인데, 아리스토텔레스는 그를 주인공으로 내세운 희곡 「오이디푸스 왕」을 "공포와 연민을 부르고, 나아가 감정을 정화하는" 비극의 전형으로 높이 평가했거든. 그러고 보니 인문학적 소양이 없는 평범한 사람까지도, 실은 아리스토텔레스의 『미학』을 평상시에 늘 접하고 있었던 거야! '막장

장 오귀스트 도미니크 앵그르의 〈오이디푸스와 스핑크스〉

드라마'의 반전과 출생의 비밀이 환기시키는 연민, 두려움 등의 감정은 모두 그가 비극의 중요한 요소로 꼽았던 것이거든. 매일 밤 초등학생부터 할머니에 이르기까지, 온 국민이 텔레비전 앞에 앉아서 『시학』의 예시문과도 같은 드라마를 즐기고 있다고 저자는 지적하고 있어. 어때, 이 정도면 시은이도 아리스토텔레스의 『시학』을 한 번쯤 훑어보며 음미해야 할 필요성을 느끼지?

'표절'은 창조성을 도둑질하는 행위

앞서 살펴보았듯 대중의 감성을 자극하는, 그래서 인기를 얻게 되는 재미있는 이야기는 (공통 요소를 추출할 수 있을 만큼) 아이디어, 사건, 줄거리, 인물 등 세부 구성 요소가 비슷비슷한 경향이 있어서 종종 표절 시비가 불거지고는 해. 특히 대중적으로 큰 흥행을 거둔 '대박' 영화나 드라마일수록 표절 시비가 잦아. 흥행이 된 스토리가 널리 알려지면서, 비슷한 소재나 줄거리를 들고 와서 원작자라고 주장하는 사람이 나타날 확률도 높아지거든.

영국의 과학자 아이작 뉴턴은 자신이 이룬 학문적 업적에 대해 다음과 같이 말한 적이 있어. "내가 다른 사람보다 조금이라도 더 멀리 볼 수 있었다면 그것은 거인들의 어깨에 올라서 있었기 때문이다." 과학사에 큰 업적을 남긴 뉴턴이지만, 자신이 이룬 놀라운 성취는 선배 과학자들이 남긴 선행 연구의 누적에 힘입은 바 크다는, 겸손함이 담긴 자기고백이야. 뉴턴의 이 말을 다른 방향에서 생각해 보면, 이 세상의 아무리 훌륭한 저작물이라도 백지상태에서 완전히 새롭게 만들어 내기란 힘들다는 사실을 보여 준다고 해석할 수도 있어.

하지만 시은이가 염두에 두어야 할 점이 있어. 기존의 성과를 바탕으로 삼는 것은 선행 연구를 존중하는 자연과학 분야에서는 충분히 납득이 되는 일이지만, 항상 '새로운 것'을 추구하는 스토리텔링에서는 얘기가 다르거든. 특히 남의 글 또는 아이디어를 모방하거나 몰래 인용하는 행위는 매우 엄격한 윤리적·법적 잣대가 적용되고 있으니, 조심할 필요가 있어. 2015년에 소설가 신경숙 씨가 일본의 소설가 미시마 유키오의 작품을 표절했다고 사회적으로 큰 파장을 일으켰던 것 기억하지? 해당 출판사는 의혹이 제기된 부분에 대해 "일상적 소재이고 작품 전체를 좌우할 독창적인 묘사도 아니다."라며 표절 의혹을 부인했어. 그러다가 결국 신경숙 작가가 "여러 차례 대조해 본 결과, 표절이란 문제 제기를 하는 게 맞겠다는 생각이 들었다."라고 사실상 표절을 인정하는 듯한 발언을 했지. 소설가 신경숙 씨의 표절 사태가 몰고 온 논란으로 알 수 있듯, 창작을 업으로 삼는 작가들에게 표절은 매우 민감한 문제란다. 소재나 줄거리가 비슷하다고 해서 모두 표절이라는 낙인을 찍을 수는 없지만, 작가의 작품이 순수한 창작물일 경우 그 가치를 더욱 높이 평가받는다는 점을 잊지 말아야 해.

표절을 하면 도덕적으로 지탄을 받기도 하지만, 법적으로 '저작권 침해'라는 문제를 낳기도 해. 『당신은 지금 저작권 침해 중』이라는 책을 보면, 많은 사람들이 저작권에 대해 잘 모르고 있거나 잘못 이해하고 있어서 자신도 모르게 저작권을 침해하고 있다는 사실을 알 수 있어. 저작권은 매체에 따라 세부적으로 신경 써야 할 내용이 다르기 때문에, 이 책의 목차에서 분류한 것처럼 인터넷, 사진, 출판, 만화, 게임, 마케팅, 음악, 영화, 방송 등과 관련된 내용을 따로따로 살펴보고 나도 모르게 남의 저작물을 표절하는 일이 없도록 주의해야 해.

세계적으로 저작권 보호가 강화되는 추세라서, 저작권 관련 법도 의외로 복잡하고 알아 두어야 할 사항이 많아. 저작권법을 잘 파악해 두면 나의 저작권을 보호하는 길도 알게 될 테니까, 본인의 저작권이 침해당했을 때 유용한 지식으로 이용할 수 있을 거야. 이 책의 마지막 챕터는 창작 활동을 하는 이들을 위해 저작권을 관리하고 보호하는 방법을 안내하고 있으니, 나중에라도 이 부분은 놓치지 말고 챙겨 보렴.

이 책 한번 볼래?

『조앤 롤링 스토리텔링의 힘을 보여 줘』

최가영 / 탐

21세기 가장 위대한 스토리텔러를 꼽으라고 하면, 단연 『해리포터』 시리즈를 창작한 조앤 롤링이 아닐까? 『해리포터』 시리즈는 수십 개의 언어로 번역·출간되어 전 세계에서 폭발적인 판매 기록을 세웠어. 사람들은 이 책이 세운 판매 기록과 조앤 롤링이 벌어들인 천문학적인 돈에 관심을 갖고, 불우했던 그녀가 어느 날 갑자기 신데렐라가 되어 버린 출세담에 관심이 많아. 그런데 선생님은 조앤 롤링의 스토리텔링이 문화 산업 전반에 낳은 영향력에 시은이가 주목했으면 좋겠어.

소설 『해리포터』 시리즈는 영화로 제작되어 소설만큼 대성공을 거두었고, 그에 못지않게 캐릭터 상품으로도 각광을 받았어. 그뿐만 아니라 온라인 게임의 기본 스토리로 활용되기도 했지. 『해리포터』는 이른바 '원 소스 멀티 유즈(One Source Multi Use)'의 성공적인 사례였다고 할 수 있어. '원 소스 멀티 유즈'란 하나의 콘텐츠로 여러 상품 유형을 만들어 내는 것을 말하는

데, 앞으로 스토리텔링의 가치는 '하나의 콘텐츠를 얼마나 다양한 분야에 적용할 수 있는가'에 달려 있다고 봐야 해. 이런 의미에서 조앤 롤링은 단순한 베스트셀러 작가가 아니라, 대중의 마음을 훔치는 '미래형 스토리텔러'라고 볼 수 있지. 이 책에서는 조앤 롤링이 어떻게 '21세기형 스토리텔러'로 우뚝 설 수 있었는지, 그의 성장 과정을 되짚어 보고 있어. 특히 마지막 챕터는 시은이처럼 작가를 꿈꾸는 친구들을 위해 마련되어 있지. 작가라는 직업의 이모저모를 소상히 알려 주고 글쓰기의 '꿀 팁'을 제공하고 있으니, '제2의 조앤 롤링'을 꿈꾸는 시은이에게 제격인 것 같구나.

이 책 한번 볼래?

『프로 작가의 탐나는 글쓰기』

박경덕 / 더퀘스트

이 책은 '프로 작가는 어떻게 써야 하는가?'라는 질문에 대한 답을 담고 있어. 다양한 종류의 '프로 작가'를 지망하는 이들에게 스토리텔링의 기본기가 무엇인지 알려 주고 있는데, 책의 내용을 한 줄로 요약하면 다음과 같아.

"상상력과 창의력을 가지고 새로운 이야기를 찾고, 이야기의 법칙에 따라

마음을 움직이는 이야기를 써라."

물론 이 간략한 요약에 담을 수 없는 아주 중요한 저자의 비법이 책 곳곳에 숨어 있어. 저자가 강조하는 것은 말과 글의 경계인 '말글'로 글을 써 보라는 것이야. '말글'은 저자의 글쓰기 비법을 압축한 용어인데, 일상의 말에서 군더더기를 제거한 압축적인 글을 가리켜. 저자는 아마추어 작가가 흔히 유명한 시인이나 소설가들이 구사하는 명문장을 쓰려고 무의식중에 노력하는데, 그것보다는 일상의 삶 속에서 굴러다니는 흔해 빠지고 하찮은 언어에 주목하라고 조언하지. 글이지만 말처럼 이해하기 쉽고, 자연스럽고, 흥미로운 글. 이것이 바로 '말글'의 핵심 개념이란다. '말글'로 '프로 작가'답게 글을 써 보고 싶다면 이 책을 추천할게.

이 영화 한번 볼래?

〈베스트셀러〉

이정호 감독 / 2010년

시은아, 재미있는 '이야기'가 중심 소재로 등장하는 영화 한 편 볼래? 아리스토텔레스가 『시학』에서 언급한 '반전'이 거듭되는 작품이기도 하고, 공교롭게도 영화의 주인공이 표절을 의심받는 소설가이기 때문에, 여러모로 시은이에게 의미 있는 영화가 될 거야.

소설가 백희수는 오랫동안 최고의 베스트셀러 작가로 활동해 오고 있었는데, 어느 날 표절 의혹에 휘말리게 돼. 그녀가 발표한 새로운 소설이 예전에 심사를 맡았던 공모전의 응모작과 내용, 문장, 구성 면에서 유사하다는 논란이 불거진 거야. 하루아침에 사회적 명성을 잃고 심각한 혼란에 빠진 백희수는 재기를 꿈꾸며 시골의 외딴 별장으로 내려가게 되지.

텅 빈 별장에서 글을 써야 한다는 초조함에 시달리던 백희수는, 어느 날 딸 연희가 누군가와 이야기하는 소리를 듣게 돼. 소재에 목말라 있던 그녀는 연희가 들었다는 섬뜩한 이야기를 바탕으로 소설을 완성시키지. 우여곡절 끝에 완성한 이 소설이 베스트셀러가 되면서, 백희수는 재기에 성공하는 듯 보였어. 하지만 얼마 지나지 않아 그 작품마저도 이미 10년 전 발표된 소설과 똑같은 내용임이 밝혀지게 되지. 절대 표절일 리가 없다고 절규하는 백희수는 표절 혐의를 벗기 위해 다시 글을 썼던 외딴 마을로 내려가 결백을 밝히려고 고군분투한단다.

영화를 보며 팽팽한 긴장감이 어떻게 만들어지는지, 어떤 이야기 요소가 재미를 가져오는지 생각해 보면 좋을 거야. 또 '표절'은 창작자의 명성에 치명타를 날리는 뼈아픈 일이기 때문에, 충분히 경계해야 한다는 점도 가슴 깊이 새겼으면 해.

이런 책은 어때?

☞ 난이도
★ 하
★★★ 중
★★★★★ 상

● 세계적인 작가에게 글쓰기에 대한 태도와 철학을 배우고 싶은 이들에게

무라카미 하루키의 『직업으로서의 소설가』(현대문학) ★★★
레이먼드 카버 외 26명의 『작가란 무엇인가』(다른) ★★★
조지 오웰의 『나는 왜 쓰는가』(한겨레출판) ★★★★
장 폴 사르트르의 『문학이란 무엇인가』(민음사) ★★★★★

● 글의 구성, 문체의 선택, 퇴고의 요령 등 글쓰기의 기본을 배우고 싶은 이들에게

김정선의 『내 문장이 그렇게 이상한가요?』(유유) ★★★
김정선의 『동사의 맛』(유유) ★★★
이태준의 『문장 강화』(창비) ★★★★

● 인간의 뇌가 움직이고 반응하는 방식에 초점을 맞춰, 이야기가 공감을 주는 과학적 이유를 파악하고 싶은 이들에게

석영중의 『뇌를 훔친 소설가』(예담) ★★★
리사 크론의 『끌리는 이야기는 어떻게 쓰는가』(웅진지식하우스) ★★★

● 생동감 넘치는 캐릭터를 만들어 내는 방법을 알고 싶은 이들에게

오슨 스콧 카드의 『캐릭터 공작소』(황금가지) ★★★
빅토리아 린 슈미트의 『캐릭터의 탄생』(바다출판사) ★★★

● 대중의 마음을 사로잡는 성공적인 스토리텔링의 비법을 얻고 싶은 이들에게

스티븐 킹의 『유혹하는 글쓰기』(김영사) ★★★
도러시아 브랜디의 『작가 수업』(공존) ★★★
마이클 티어노의 『스토리텔링의 비밀』(아우라) ★★★★

스왓(SWOT) 분석

선생님이 네가 꿈꾸는 너의 미래를 일목요연하게 정리해 봤어.
선생님이 해 준 이야기를 참고해서 너에게 꼭 맞는
자신만의 꿈을 설계해 보렴.

S Strength 강점

- 개인의 상상력과 창의력을 극대화하여 최대의 성과를 추구할 수 있음.
- 회사나 단체에 소속되지 않고 자유롭게 일할 수 있음.

W Weakness 약점

- 대중적인 스토리텔링은 표절 가능성에 노출되어 있음.
- 사회적으로 큰 성공을 거두는 작품은 극히 제한적임.

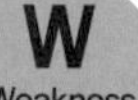

O Opportunity 기회

- 스토리텔링을 활용하는 산업 분야가 점점 다양해짐.
- '원 소스 멀티 유즈'가 가능함. 즉 좋은 스토리는 다양한 산업 분야로 파생이 가능함.

T Threat 위협

- 시나 수필 등 전통적인 문학 장르는 퇴조하는 분위기.
- 소셜 미디어의 발달로 '프로 작가' 못지않은 '아마추어 작가'가 다수 등장함.

관련 직업

광고 기획자, 카피라이터, 아트 디렉터

창조적인 사고와 열정, 아이디어가 넘치는 삶

: '광고인'을 꿈꾸는 친구들에게

▸▸ **핵심 도서**

『인문학으로 광고하다』 **박웅현 · 강창래 / 알마**

『철학 광장』 **김용석 / 한겨레출판**

『누가 내 머릿속에 브랜드를 넣었지?』 **박지혜 / 뜨인돌**

선생님, 안녕하세요? 저 혜민이에요. 저의 장래 희망은 광고를 만드는 사람이 되는 거예요. 평소에 신문이나 잡지의 광고란을 유심히 보는 편인데, 특히 텔레비전에서 나오는 CF 광고가 그렇게 재미있을 수 없어요. 내가 설득하려고 하는 바를 화면 속에 짧게 압축해서 담고, 이를 인상적으로 전달하는 광고의 세계가 참 매력적으로 느껴져요.
저는 주위 사람들한테 창의적이라는 말을 자주 듣는답니다.
이런 특성이 광고인이라는 직업에 도움이 되는 것 맞죠?
이 밖에도 훌륭한 광고인이 되기 위해 갖춰야 할 자질, 구체적인 방법 등 여러 조언을 선생님께 듣고 싶어요.

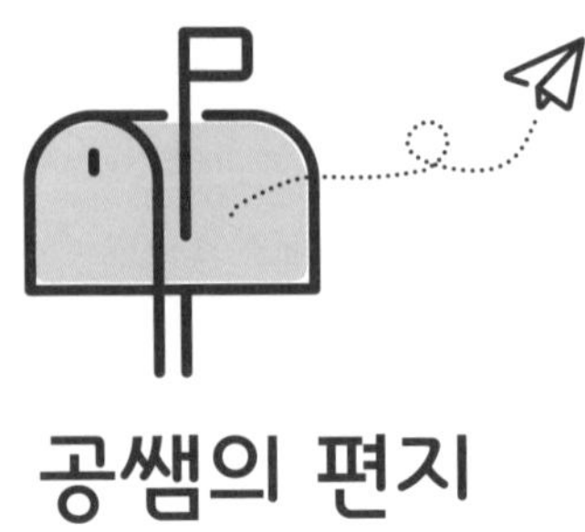

공쌤의 편지

광고는 '자본주의의 꽃'

혜민아, 문제 하나만 낼게. 우리가 숨 쉬는 공기는 무엇들로 이루어졌는지 혹시 아니? 장차 광고인이 될 생각이 있다면 광고학자 로버트 퀘렌Robert Querren의 명언 한마디쯤은 알고 있어야 할 것 같아. 그는 일찍이 "우리가 숨 쉬는 공기는 산소와 질소, 수소, 그리고 광고로 이루어졌다."라는 유명한 말을 남겼어. 우리는 한순간도 광고에서 눈을 뗄 수 없을 만큼 수많은 광고에 둘러싸여 살아가고 있다는 의미일 거야.

흔히 광고는 '자본주의의 꽃'이라고 일컬어져. 광고가 해당 상품의 판매를 늘리는 데 기여하는 것은 물론, 사람들의 가치관이나 생활양식을 변화시키고, 또 이런 변화의 과정에서 거대한 대중문화의 트렌드가 형성되기 때문이지. 그리고 때로는 대중의 지배적인 생각이 광고에 반영되기도 하는데, 이 경우 광고의 영향력은 더 커지겠지? 광고를 제작하는 광고인의 책임과 자부심이 어느 직업 못지않게 큰 것도 바로 사회 구석구석에 미치는 광고의 힘 때문일 거야. 혜민이도 광고의 이런 매력에 끌려 광고인을 꿈꾸는 것일 테고.

광고를 만드는 사람을 보통은 광고인이라고 하지만, 정확히 말하면 '광고 기획자'란다. 업계에서는 '광고 크리에이터'라는 말을 더 자주 쓰고 있지. 세부적으로는 광고 문구를 담당하는 '카피라이터(copywriter)'가 있고, 광고의 시각적 이미지를 주로 담당하는 '아트 디렉터(art director)'가 있어. 혜민이가 어느 분야에 더 관심을 가지고 있는지 모르겠지만, 지금 당장은 광고인이 되는 구체적인 방법보다는 '인문학'에 조금 더 관심을 가지고 공부를 해 나가면 어떨까 해. 왜 뜬금없이 '인문학'이냐고? 인문학이 중요하지 않은 직업이 있을까마는 광고야말로 인문학이 바탕이 되어야 하는 당위성이 몇 가지 있어. 자, 지금부터 선생님의 이야기를 잘 들어 보렴.

인문학적 소양을 바탕으로 '진실'을 전하는 광고

광고를 만드는 데 무엇보다도 인문학이 중요하다고 제목부터 일찌감치 강조하는 책이 있어. 바로 광고인 박웅현과 출판인 강창래가 함께 쓴 『인문학으로 광고하다』라는 책이야. 이 책에서 정의한 광고의 개념 중 하나는, 바로 광고가 '시대 읽기'라는 것이야. 지

금 우리가 살고 있는 이 사회의 '시대정신'이 무엇인지 파악하는 일은 하찮은 껌 광고에서부터 거대한 기업 광고에 이르기까지 모든 영역의 광고에서 필수라고 할 수 있어. 시대정신을 제대로 읽지 못하는 광고는 공감대가 형성되지 않고, 공감대가 형성되지 않는 광고는 존재 이유가 없으니까 말이야.

이 책에서 강조한 두 번째 개념은 '사람 읽기'란다. 저자는 모름지기 '광고인'이라면 갓난아이부터 할머니까지 모든 사람의 바람과 현실, 희망과 절망을 가능한 한 많이 알아야 한다고 주장해. 광고는 궁극적으로 사람들의 마음을 열기 위한 노력의 결과물이기 때문에, 많은 사람의 마음을 열려면 광고를 통해 그들과 진솔한 대화를 나눌 수 있어야 한다는 것이지.

좋은 광고인이 되기 위한 조건 가운데 가장 중요한 것이 무엇이냐고 박웅현에게 묻는다면 그는 단연코 "인문학적 소양입니다."라고 말할 게 틀림없어. 앞서 말한 '시대(사회)'를 읽고 '사람(인간)'을 읽는다는 것이 무엇을 뜻하겠어. 우리가 살아가는 '사회'를 연구하고 '인간'에 대해 고민하는 학문이 다름 아닌 '인문학'이잖아. 요컨대 '시대'와 '사람'을 읽기 위해서 인문학은 필수일 수밖에 없어. 저자 박웅현은 인문학으로부터 생기는 상상력과 아이디어를 '인문학적 창의성'이라 정의하고 있어. 이 인문학적 창의성이 좋은 광고를 만드는 데 밑거름이 된다는 것은 두말할 나위가 없겠지.

그런데 선생님이 이 책을 읽고 인상적이었던 부분은 따로 있어. 박웅현이 광고의 내용에 대해서 다음과 같이 말한 부분이야.

> "광고는 잘 말해진 진실입니다. 진실이 아니면 그처럼 사회적인 호응을 크게 얻을 수 없습니다. 그래서 인문학적인 소양이 필요하고, 통찰력이 필요한 겁니다."
>
> — 박웅현 · 강창래, 『인문학으로 광고하다』에서

인문학의 가치를 단순히 광고 제작의 효용성에 두지 않고, 인문학으로 말미암아 '광고도 (방송이나 언론처럼) 진실을 전할 수 있다'

고 생각한 점이 참 인상적이더라. 여기에 일일이 나열할 수는 없지만, 박웅현이 직접 제작한 광고들을 보면 단순히 상품 판매만을 목적으로 하지는 않는다는 것을 알 수 있어. 우리가 사는 '사회'와 '사람'들에 대한 마땅한 '진실'을 이야기하고 있다는 사실을 실감할 수 있지. 저자가 만든 광고가 어떤 것들인지 궁금하지 않니? 그것을 확인하기 위해서라도 혜민이가 이 책을 꼭 한번 읽어 보았으면 해.

광고를 인문학적 상상력으로 파헤쳐 보면

인문학이 어떻게 광고에 녹아들어 갈 수 있는지 아직도 감이 안 잡히니? 그렇다면 철학자 김용석의 『철학 광장』을 읽어 보는 건 어떨까? 이 책을 보면 우리가 대중문화로 흔히 접하는 광고 속에 어떤 인문학적 지식이 녹아 있는지 단박에 알 수 있어.

가령 오늘날 시도 때도 없이 광고를 해 대는 최신 스마트폰. 그 광고의 밑바닥에 깔려 있는 설득 코드는 바로 그리스신화에 등장하는 나르키소스라고 저자는 설명해. 물에 비친 자신의 모습에 반한 나르키소스에게는 이 세상에 오로지 '나'만 존재하는 것처럼, 오늘날 휴대전화 광고는 그것이 단말기의 어떤 특징을 강조하든 항상 '나'의 의미를 부각시킨다는 거야. 또 휴대전화가 제공하는 수많은 소통의 기능들이 궁극적으로는 '나'를 위한 것임을 강조하고 있다는 점에서도, 저자의 말처럼 이들 광고는 확실히 나르키소스와 연관이 있어 보여. 카메라 폰으로 타인을 찍기보다 자기 자신을 더 많이 찍고 있는 현실은 바로 '디지털 나르시시즘'의 정도를 잘 보여 주는 방증이라 할 수 있겠지.

그리고 저자는 수많은 다이어트 관련 광고에 프리드리히 헤겔의 이론에서 파생한 '소외' 개념을 적용시켜서, 다이어트 광고가 인간의 몸으로부터 살을 낯설게 만들어 버린다고 분석해. 다이어트 광고가 표방하는 다양한 문구들(가령, '군살 빼기', '안 보이는 곳도 살 빼 드립니다' 등)이 모든 부위의 살을 도저히 수용할 수 없는 낯선 것으로 만들어 버려서, 살을 몸으로부터 소외시키고 있다는 거야. 다시 말해서, 다이어트로 완벽한 몸을 지향하는 '나'는 결국 '나'로부터 내 몸 또한 소외시키게 된다는 거지.

이뿐만이 아니야. 인공두뇌학의 세계적인 권위자 케빈 워릭이 이야기한 사이보그의 개념, 곧 '무한히 확장된 인간'을 오늘날 가전·전자 제품 광고에 적용했다는 설명도 인상적이야. 케빈 워릭은 1998년 자신의 팔에 실리콘 칩을 이식해, 스스로 인간의 신체 기능에 컴퓨터가 결합된 사이보그가 되어 세계 과학계를 깜짝 놀라게 한 인물이란다. 사이보그의 개념을 차용한 여러 광고는 한결같이 과학기술이 '더 나은 삶'을 가져다준다고 약속하고 있지. 하지만 저자는 미래에 대해 비관적인 견해를 드러내며, 대중을 '일상의 사이보그', 혹은 '선천적인 사이보그'로 전락시키는 과학기술의 실상을 날카롭게 짚어 내지. 그 밖에도 이 책에서는 아파트 광고, 자동차 광고, 의약품 광고, 화장품 광고, 여행 광고, 금융·보험 광고 등을 인문학적 개념을 지렛대 삼아 고찰해 봄으로써, 현대의 광고가 가진 다양한 문제점을 흥미롭게 파헤치고 있어. 혜민이가 이 책을 읽는 것만으로도 광고를 제작하는 데 깔려 있는 인문학적 사고방식을 조금이나마 배울 수 있지 않을까 해.

올바른 소비를 유도하는 광고를 만들 수는 없을까?

광고 제작자나 상품 판매자가 아닌, 소비자의 입장에서 광고를 바라보면 어떤 이야기가 펼쳐질까? 박지혜의 『누가 내 머릿속에 브랜드를 넣었지?』는 청소년이 흔히 접하는 광고에 어떤 문제점이 도사리고 있는지, 그리고 일반 소비자가 광고를 대할 때 어떤 점에 유의해야 하는지 등 광고를 바라보는 올바른 태도에 대해 소비자에게 조언하고 있어. 이 책의 내용은 사실 소비자에게 필요한, 소비자를 대상으로 하는 이야기들이야. 하지만 거꾸로 광고 제작자에게는 자신이 제작하는 광고가 소비자에게 해가 될지 득이 될지를 사전에 판단해 보는 일종의 지침서가 될 수 있다는 점에서 혜민이가 꼭 읽어 보았으면 해.

과연 누가 우리 머릿속에 브랜드를 넣었을까? 우리는 '농구화' 하면 마이클 조던이 나오는 N사의 농구화를 제일 먼저 떠올리고, '도넛' 하면 자연스럽게 D사의 도넛을, '콜라' 하면 C사를 상징처럼 떠올려. '커피 전문점' 하면 S사를 이야기하는 사람이 많고, '입시 학원' 하면 M사를 우선 생각하지. 사람들은 왜 그럴까? 각 기업

에는 소비자의 기억과 생각, 느낌 등을 관리하는 '브랜드 관리자'가 있어. 브랜드 관리자는 소비자가 필요로 할 때 자연스럽게 자사의 브랜드를 떠올리도록 다방면으로 노력하고 있지. 우리가 즐겨 보는 드라마, 예능, 신문, 잡지, 간판 등에 각종 광고를 실어, 자신들이 원하는 브랜드의 정보를 우리 머릿속에 심기 위해 브랜드 관리자가 갖은 애를 쓰는 거야.

광고로 소비자를 유혹하는 이들이 사용하는 전략에는 다음과 같은 것들이 있어. 대표적으로는 소비자들이 동경하는 유명 연예인을 광고 모델로 기용함으로써 '연예인 따라잡기' 소비를 하게 만드는 전략을 꼽을 수 있지. 또 상품에 대한 욕구와 성(性)에 대한 욕구를 결합시킨 선정적인 광고 역시 소비자를 유혹하는 대표적인 전략 가운데 하나야. 그뿐 아니라 당장은 자사의 제품을 사지 말라고 광고함으로써 기업의 도덕성과 신뢰성을 은연중에 홍보하여 장기적으로 판매량을 늘리는 역마케팅, 즉 디마케팅(demarketing) 전략도 있다고 해. 그러니 소비자로서는 정신을 바짝 차리지 않으면 광고인들의 전략에 이리저리 놀아날 수도 있겠다는 생각이 든다.

혜민아, 이쯤에서 다음과 같은 문제를 생각해 보자. 광고를 제작할 때는 소비자를 보호할 최소한의 윤리적 기준이 필요할까? 아니면 소비자의 소비 욕구를 자극하는 데는 특별한 도덕적 기준 따위는 필요하지 않을까? 이 물음에 대한 대답이 네가 광고인의 길을 걷는 데 큰 도움이 되지 않을까 한다.

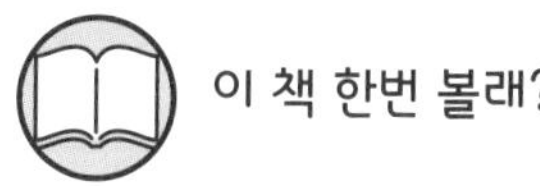

『광고 천재 이제석』

이제석 / 학고재

상업광고만큼 공익광고에도 공을 들였던 광고 디자이너 이제석. 그에게 붙은 '광고 천재'라는 별명이 하나도 아깝지 않을 만큼 '이제석'은 놀라운 아이디어를 끊임없이 광고로 구현하는 사람이야. 그래서 그는 수많은 광고인들에게 롤 모델로 지목되어 왔단다. 이제석의 광고에 담긴 강력한 메시지에는 가히 '세상을 바꾸는' 힘이 담겨 있어. 가령 그가 제일 아낀다는 공익광고 중에 '반전(反戰)' 메시지를 담은 작품이 있는데, 긴 총을 겨누고 있는 병사의 사진이야. 이 광고를 전봇대에 한 바퀴 두르면, 병사가 겨눈 총구가 그 병사의 뒤통수를 향하도록 구성되어 있지. 전쟁의 폐해를 기발하게 표현한 이 광고는 각종 국제 광고전에서 호평 일색이었을 정도로, 공익성뿐만 아니라 작품성도 인정받은 수작이야. 이 책은 이제석이 어떤 어려움을 딛고 광고인이 되었는지, 그가 좋은 광고를 만들기까지 어떤 노력을 했는지를 실감 나게 전하고 있단다.

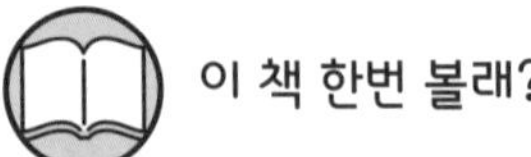

이 책 한번 볼래?

『광고하지 마라』

다바타 신타로 · 혼다 데쓰야 / 북카라반

'광고하지 마라'는 제목이 광고인을 향해 도발하는 것처럼 보이지? 이 책은 얼핏 광고 자체를 거부하는 것 같아 보이지만, 사실은 매너리즘에 빠진 기존 광고에 일침을 가함으로써 좀 더 효과적인 광고의 방법을 찾아보라고 조언하고 있어. 가령 광고효과가 크다고 알려진 텔레비전을 일방적으로 선호하는 광고 전략은 이제는 효력을 상실했다고 냉정하게 평가해. 텔레비전 광고라 할지라도 제품의 성격에 따라, 그리고 해당 기업의 규모에 따라 광고효과가 없거나 오히려 부정적인 영향을 미칠 수도 있거든. 저자는 '광고를 정교하게 계획하고 통제해야 한다'는 뻔해 보이는 논리에도 근본적인 의문을 제기한단다. 아무것도 하지 않고 그대로 내버려 둠으로써 오히려 큰 흥행을 거둔 어느 영화의 사례를 예로 들면서 말이야.

목차만 봐도 이 책이 얼마나 흥미로운지 알 수 있어. '1,000명을 움직여라', '1만 명을 움직여라', '10만 명을 움직여라', 이런 식으로 대중의 규모를 달리 설정하여 목표로 삼는 인구수에 따라 광고 전략이 어떻게 달라져야 하는지 설명하고 있어. 오늘날의 미디어 환경에 발맞춘 효과적인 광고 전략이 무엇인지 다시 생각하게 하는 책이란다

한국방송광고진흥공사 홈페이지

www.kobaco.co.kr

광고에 사회성과 윤리성을 극단적으로 요구하게 되면 공익광고의 영역과 맞닿게 돼. 혜민아, 공익광고에 대해서 많이 들어 봤지? 공익광고는 일반적인 상품 광고와 달리 공공의 이익을 주된 목적으로 하기 때문에 주로 사회문제를 다루고, 이에 대한 해결책이나 권고안을 설득력 있게 호소하곤 해. 각종 공익광고를 폭넓게 살펴볼 수 있는 사이트가 있는데, 바로 '한국방송광고진흥공사(KOBACO)'의 홈페이지(www.kobaco.co.kr)야.

이곳의 '공익광고 자료실'에 들어가면 1981년부터 제작된 우리나라 공익광고를 매체별, 제작 연도별, 주제별로 마음껏 검색해서 살필 수 있어. 매체는 방송 광고와 인쇄 광고로 나누어져 있고, 주제는 크게 '자연환경, 사회 공동체, 가정/청소년, 공중 보건/복지, 경제·사회&기타'로 분류되어 있단다. 우리 사회가 직면한 거의 모든 사회문제를 다루고 있을 만큼 주제가 다양하고 광범위하지. 무엇보다도 지금까지 제작된 공익광고를 살펴보면 제작자의 기발한 아이디어와 재치에 무릎을 치게 될 거야. 광고 기획자가 되려는 네게 더할 나위 없이 좋은 아이디어 뱅크가 될 테니 자주 들어가서 많이 구경하렴.

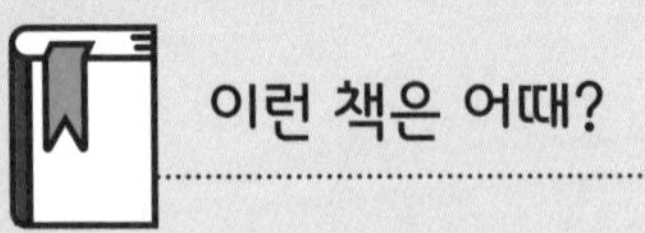

이런 책은 어때?

☞ 난이도
★ 하
★★★ 중
★★★★★ 상

● 광고 및 홍보, 마케팅의 기본기를 다지고 싶은 이들에게

세스 고딘의 『보랏빛 소가 온다』(재인) ★★
유영실의 『세계는 이 광고에 놀랐다』(커뮤니케이션북스) ★★★
로버트 쇼어의 『좋은 광고의 10가지 원칙』(시공아트) ★★★
구자휘의 『카피라이터의 조건』(커뮤니케이션북스) ★★★

● 얼어붙은 감수성을 깨고, 인문학적 감성을 담은 광고를 만들고 싶은 이들에게

박웅현의 『책은 도끼다』(북하우스) ★★
김탁환의 『김탁환의 쉐이크』(다산북스) ★★

● 소비자의 시선이 디지털로 향하고 있는 시점에 어떤 광고 전략을 세워야 하는지 고민하고 싶은 이들에게

김홍탁의 『디지털 놀이터』(중앙m&b) ★★★
폴 길린의 『링크의 경제학』(해냄) ★★★★

● 광고의 이면에 드러난 우리 사회의 모습에 대해 성찰하고 싶은 이들에게

김선희의 『팝콘을 먹는 동안 일어나는 일』(풀빛) ★★★
김명환의 『모던 씨크 명랑』(문학동네) ★★★★
마르퀴즈 그룹의 『광고의 불편한 진실』(지성사) ★★★★★

● 광고 회사의 치열한 회의실 풍경을 엿보고 싶은 이들에게

김민철의 『우리 회의나 할까?』(사이언스북스) ★★★

● '현대 광고의 아버지'로 꼽히는 광고인의 철학이 궁금한 이들에게

데이비드 오길비의 『나는 광고로 세상을 움직였다』(다산북스) ★★

스왓(SWOT) 분석

선생님이 네가 꿈꾸는 너의 미래를 일목요연하게 정리해 봤어.
선생님이 해 준 이야기를 참고해서 너에게 꼭 맞는
자신만의 꿈을 설계해 보렴.

S Strength 강점

- 대중문화의 트렌드를 창출·선도하며 대중으로부터 즉각적인 반응을 받을 수 있음.
- 모범생보다는 자유분방하고 창의적인 사람에게 더 적합한 직업군.

W Weakness 약점

- 경제의 호·불황에 실적이 민감하게 반응하고, 출퇴근 시간이나 업무량이 일정하지 않는 등 직업 안정성이 다소 떨어짐.

O Opportunity 기회

- 인터넷·모바일 기술의 발달로 인해 새로운 광고 영역과 제작 환경이 만들어짐.
- 다른 산업의 성장으로 인한 긍정적인 시너지 효과를 누릴 수 있음.

T Threat 위협

- 대중문화 트렌드의 급격한 변화, 관련 업무의 세분화·전문화로 인해 업무 스트레스가 지속적으로 발생함.

관련 직업

패션모델, 스타일리스트, 패션 에디터

한 땀 한 땀의 예술혼으로 '유행'을 이끌다

: '패션 디자이너'를 꿈꾸는 친구들에게

▸▸ **핵심 도서**

『미니스커트는 어떻게 세상을 바꿨을까』 **김경선 / 부키**

『옷장에서 나온 인문학』 **이민정 / 들녘**

『취향의 정치학』 **홍성민 / 현암사**

선생님, 안녕하세요? 윤희예요. 저는 어려서부터 인형을 가지고 노는 것을 무척 좋아했어요. 예쁜 인형을 보면 그냥 지나치지 못해 인형 수집이 취미이기도 했고요. 그뿐이 아니에요. 틈만 나면 공책에 인형을 그리고, 그 종이 인형에게 옷까지 직접 만들어서 입혔답니다. 그러다 보니 다른 사람의 옷차림에도 관심을 많이 가지게 되어서, 자연스럽게 장래 희망으로 '패션 디자이너'를 꿈꾸게 됐어요.

패션 디자이너는 평범한 옷에 개성을 더해 주고 새로운 유행을 창조하여, 사람들의 패션을 변화시킬 수 있다는 점에서 매력적인 직업인 것 같아요. 모델이 제가 디자인한 옷을 입고서 런웨이를 걸어가는 모습, 스타일리스트가 그 옷을 유명 스타에게 입히는 모습을 상상하면 기분이 참 좋아져요. 직접 디자인을 하지는 않더라도 패션 디자인의 최전선에서 일할 수 있는 패션 에디터에도 관심이 생겼고요.

선생님, 제가 장차 '패션 업계'에서 일을 하려면 어떤 점을 미리 알아 두면 좋을까요?

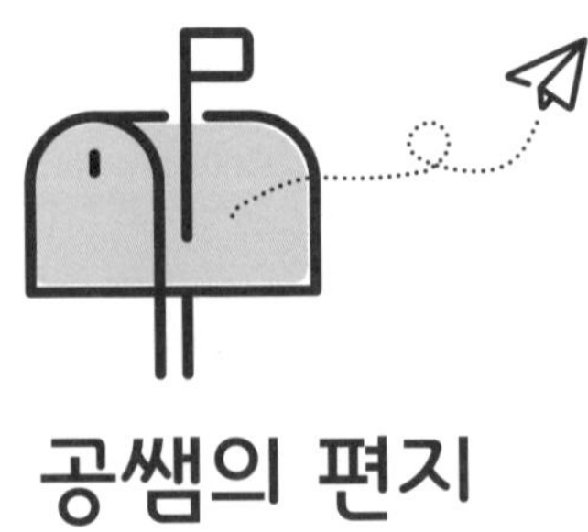

공쌤의 편지

패션 업계의 빛과 그림자

학기 초에 반 아이들과 환경 미화를 할 때 윤희의 예술 감각이 예사롭지 않다는 것을 일찌감치 느꼈는데, 역시나 윤희에게는 남다른 꿈이 있었구나. 패션 업계에서 종사하고 싶다고 했지? 선생님이 보기에 '윤희다운', '윤희에게 딱 어울리는' 꿈이구나 싶어. 윤희는 새로운 것을 손수 만들고, 평범해 보이는 것을 예쁘고 세련되게 꾸미는 것을 좋아하잖니.

직업 선택의 기준 중에서 제일 중요한 것이 '적성'과 '흥미'라고들 해. 즉 '자기가 좋아하는 일을 하라'는 거지. 어려서부터 한 가지 일을 꾸준히 좋아했고, 그것을 자연스럽게 장래 희망과 연결 지었다는 점에서 윤희는 진로의 방향 설정을 무척 잘했다는 생각이

드는구나. 본인의 적성을 고려했기 때문에 그 꿈을 향해 열정을 갖고 달려가는 데도 큰 걸림돌이 없어 보이고 말이야.

패션 업계에는 윤희가 꼽아 보았던 것처럼 패션 디자이너, 패션모델, 스타일리스트 등의 직업이 존재해. 우선 윤희가 가장 관심을 보이는 '패션 디자이너'는 남성복, 여성복, 아동복 등의 옷을 디자인하는 사람을 가리켜. 이에 비해 '패션모델'은 패션 디자이너가 만든 옷을 입고 여러 사람들 앞에 서서 옷의 아름다움을 뽐내고 돋보이게 하는 역할을 한단다. '패션 디자이너'와 '패션모델', 이 두 직업은 하는 일은 서로 다르지만 악어와 악어새처럼 공생한다는 점에서 떼려야 뗄 수 없는 관계지. 한편 '스타일리스트'는 주어진 의상을 다양하게 조합하여 최상의 의상 콘셉트를 연출하고, 조화미를 만들어 내는 또 다른 의미의 창조적 작업을 한다고 보면 돼.

항상 새로운 것을 추구하고, 유행의 첨단을 걷는 패션 업계는 매력적인 직업의 세계임에는 분명해. 하지만 패션 업계에서 살아남기란 그리 만만한 일이 아니란다. 겉으로는 일반 대중이 선망의 눈으로 바라볼 만큼 화려하고 빛나는 영역이지만, 실상은 신체적으로 매우 고될뿐더러 경제적으로 만족할 만한 보상을 얻기까지 꽤 오랜 시간이 걸리거든. 패션 디자이너의 경우를 예로 들면, 좀 더 유리한 위치에서 패션계에 진출하기 위해 유학을 선택하는 경우가 많고, 해외 패션 스쿨에서 꾸준한 교육과 훈련을 받는 동안 드는 비용도 무시할 수 없으며, 가까스로 일을 시작했더라도 유명 디자이너의 디자인실에서 오랜 수습 기간을 거쳐야 하는 등 경제적, 신체적으로 고된 시간을 견뎌야 하는 직업으로 유명해. 하지만 많은 사람들이 여전히 패션 디자이너의 꿈을 품고, 이를 위해 노력하는 걸 보면 패션 업계에는 매력적인 그 '무엇'이 있다는 말이겠지? 만약 윤희도 패션 업계에서 활약할 그날을 꿈꾼다면, 이런 고생은 어느 정도 각오가 되어 있어야 할 거야.

시대와 역사를 품으며 진화한 패션

윤희가 패션 디자이너가 되어 이끌고자 하는 '유행(流行)'이란 과연 무엇일까? 『미니스커트는 어떻게 세상을 바꿨을까』를 읽어 보면 유행이란 '패션과 시대의 조응(照應)'이 아닐까 하는 생각이 들어. 쉽게 말해 시대가 패션에 반영되고, 그 패션이 다시 시대를 만들어 나가는 힘으로 작용한다는 거지. 지금 사람들이 입고 있는 옷은 어떤 식으로든지 우리 시대의 현실을 표현한다고 볼 수 있어.

이 책에 나오는 사례를 예로 들어 볼게. 19세기 말에서 20세기 초로 이어진 시기의 여성 패션은 겉으로 볼 때는 화려하지만 입고 있기에는 불편했어. 그런데 제1차세계대전 이후 전쟁에 나간 남자들 대신 일을 해야 했던 여성들이 기존의 옷에 불만을 갖기 시작했지. 밖에서 일하기 위해서는 더 편한 복장이 필요했던 거야. 그래서 남성복을 닮은, 일종의 여자용 정장인 '테일러드슈트(tailored suit)'가 유행하기 시작했고, 이 옷을 입은 여성은 남성 못지않게 활동적

주트 슈트를 파는 라스베이거스의 빈티지 옷 가게

으로 일을 할 수 있게 되었어.

1940년대 유색인종에 대한 차별이 극심했던 미국에서는, 흑인들이 이에 대한 반감의 표시로 몸집에 비해 과장된 크기로 만든 옷을 입기 시작하면서 '주트 패션(zoot fashion)'이 탄생해. '흑인은 초라하지 않다'는 것을 드러내려는 마음에서 시작된 패션으로, 통 넓은 바지, 헐렁한 재킷, 큰 칼라 등을 특징으로 하지. 그런데 이것이 못마땅했던 백인들은 물자가 부족한 전쟁 상황임을(당시는 제2차세계대전 중이었어.) 명분으로 내세워 이를 단속했단다. 이에 흑인들이 거세게 반발하여 1943년 이른바 '주트 슈트 폭동'이 일어나기도 했어.

인종차별이라는 사회문제가 패션을 통해 드러난 것이지.

한편 1960년대 말부터 1970년대까지는 인간이 달에 착륙한 것을 기념하여 우주복을 닮은 '스페이스 룩(space look)'이 유행하는 동시에, 과학기술과 물질문명에 반대하는 히피들의 패션인 '히피 룩(hippie look)'이 유행하기도 했어. 평화를 추구했던 히피는 당시 베트남전쟁에 반대하고 나섰는데, 자유와 반전의 상징인 꽃무늬가 수 놓아진 셔츠, 농부들이 입었던 헐렁한 옷 등을 입고 다니며 자신들의 의지를 표현했지. 또한 살림이 넉넉지 않은 흑인들이 큰 옷을 사서 오래 입기 위해 시작되었던 '힙합 스타일(hiphop style)'은 흑인의 가난을 상징하는 패션 문화였으나, 이제는 힙합 음악과 함께 인종, 지역, 성별에 상관없이 누구나 즐기는 대중문화가 되었다는 사실도 흥미롭더구나.

최근의 패션을 예로 든다면, 언젠가 여자 연예인이 프로야구 시구에서 몸에 딱 달라붙는 레깅스를 입고 나와 육감적인 몸매를 뽐낸 적이 있잖아. 이런 과감한 패션은 어떻게든 미디어의 관심을 받고 싶어 하는 개인적 욕망과, 외모에 우선적으로 가치를 두는 사회 분위기가 모두 반영되었다고 볼 수 있어. 이처럼 패션은 (그 옷을 입은 개인의 취향에서 나올 때도 있지만) 때로는 시대의 흐름을 그대로 반영하고, 때로는 시대의 불합리한 부분에 저항하기도 하며 시대를 이끌어 나가는 힘으로 작용하고 있어. 자, 그렇다면 이 책의 제목에서 독자에게 던지고 있는 질문, '미니스커트는 어떻게 세상을 바꿨을까'에 대한 답이 궁금하지 않니? 정답을 알고 싶다면 윤희가 책을 직접 읽고 확인해 보렴. 패션은 시대 상황과 밀접한 영향을 맺고 있다는 사실을 염두에 두고 말이야.

패스트 패션, 더 싸고 더 빠르게

유행이라는 것은 역사나 시대의 큰 흐름을 따라 도도하게 흘러가기도 하지만, 때로는 하루가 멀다 하고 변화를 거듭하기도 해. 혹시 윤희는 똑같은 옷을 일 년 뒤에도 입으면 유행에 뒤처진다는 생각을 해 본 적 없니? 요즘 젊은 층들은 그때그때 유행하는 값싼 옷을 사서 몇 번 입고 버리자는 생각으로 옷을 구매하는 경향이 있단다. 이들은 주머니 사정은 좋지 않은 반면, 유행에 민감한 소비자들이지. 그런데 이런 빠른 속도의 의류 소비는 '패스트 패션(fast fashion)' 열풍으로 더욱 가속화되고 있어. '빠른' 패션? 대체 뭐가 빠른 건지 그 의미가 잘 와 닿지 않지?

『옷장에서 나온 인문학』은 옷에 얽힌 경제학, 철학, 역사 등을 폭넓게 서술하고 있는 책인데, 첫 장을 펼치면 패스트 패션에 대한 이야기가 자세히 나온단다. 선생님이 그 대목을 살짝 소개해 줄게. 일반적으로 패션 디자이너가 디자인한 옷이 실제 소비자들의 손에 닿으려면 여러 단계의 과정을 거쳐야 해. 패션 디자이너는 새로운 옷을 만들기 전에 우선 국내외 패션의 흐름을 꼼꼼하게 분석한단다. 소비자 동향, 소재, 색깔 등에 대한 자료를 종합적으로 살펴

보고, 이를 바탕으로 새로운 제품을 디자인해 그림으로 표현하지. 그런 다음 견본 제품이 만들어지는데, 이는 다시 디자이너의 꼼꼼한 수정과 보완 작업을 거쳐 본격적인 제작에 들어간단다. 이렇게 완성된 제품은 몇 단계의 유통 과정을 거쳐서 소비자에게 전달되고 말이야. 이 모든 과정은 최소한 6개월은 걸린다고 알려져 있어.

이에 반해 '패스트 패션'은 빠르고 싸게 옷을 만드는 데 최우선 목표를 두고 있어. 보통 하나의 회사가 기획과 디자인, 생산 및 판매 전 과정을 관리하는 방식으로 이루어지는데, 중간 유통 과정이 과감히 생략되기 때문에 옷의 가격을 획기적으로 낮출 수 있지. 또 생산에서부터 유통까지의 시간이 단축돼, 소비자에게 최신 유행의 옷이 도착하기까지의 시간도 고작 2~3주밖에 걸리지 않는단다.

윤희에게도 익숙한 유니클로(UNIQLO), 자라(ZARA), H&M 등이 대표적인 패스트 패션 브랜드야. 최신 유행의 옷을 짧은 주기로 구입할 수 있다는 점에서 대중은 열광했어. 옷값이 저렴하니 많은 사람들이 부담 없이 지갑을 열었고, 이는 다시 패스트 패션 브랜드가 새로운 옷을 생산해 내는 추동력이 되었지. 그뿐이 아니야. 판매량 증대는 대량생산을 가능하게 해서, 생산자가 대량의 옷감을 싼값에 구매할 수 있게 했단다. 그럼으로써 생산 원가가 줄어들고, 새로운 유행의 옷을 끊임없이 시장에 내놓는 효과를 가져왔어.

하지만 패스트 패션 열풍의 이면에는 우리가 자칫 간과하기 쉬운 어두운 면이 존재해. 우선 최신 유행을 한시라도 빨리 제품화하려다 보니, 디자인을 고민하고 창작하는 데 긴 시간을 투자하기 어렵게 돼서 기존의 디자인을 모방하거나 베끼는 사례가 늘어나기 시작했어. 이는 지적재산권의 침해로 이어질 수 있는 심각한 문제란다.

그리고 직접 옷을 만드는 노동자들의 처우와 관련된 문제도 있어. 패스트 패션 브랜드가 옷값을 최대한 낮추려고 하다 보니 자연스럽게 인건비가 최소화됐고, 이는 노동 착취 논란을 가져왔지. 베트남, 인도네시아, 방글라데시 등에서는 심지어 어린이들까지도 봉제 노동에 시달리는 등 인권 문제로 비화되기도 했어. 그리고 환경오염 문제도 빼놓을 수 없어. 빨리 공급되는 만큼 빨리 소비되고 버려지는 옷이 많을 수밖에 없는데, 이것은 자원의 낭비를 부추기고 환경에도 악영향을 끼치고 있거든.

옷, 과연 '속도'와 '가격'이 전부일까? 『옷장에서 나온 인문학』을 통해 옷을 만든 노동자들이 받는 대우, 최신 유행 옷이 만들어지고 유통되는 과정 등을 알고 나면, 패션 디자이너로서 옷을 만든다는 것의 의미가 결코 가볍지 않다는 사실을 알 수 있을 거야.

고급문화와 저급문화가 따로 있나

윤희도 알다시피 사람들이 옷을 소비하는 기준은 대략 두 가지로 나뉘어. 어떤 사람은 가격에 상관없이 고급 브랜드의 '명품'을 좋아하지만, 어떤 사람은 브랜드 인지도는 떨어져도 튼튼하고 실용적인 옷이면 충분하다고 생각하지. 우리는 이런 차이가 단순히 개인의 취향에서 비롯된 것이라고 생각하기 쉬워. 그리고 이 취향은 개인의 재능 혹은 호불호, 내적 충동 등의 표현이라고 여기곤 해. 취향은 개인적인 문제라는 거지. 하지만 정말 그럴까? 『취향의 정치학』을 보면, 프랑스의 사회학자 피에르 부르디외Pierre Bourdieu가 제시한 문화적 취향에 대한 색다른 관점을 접할 수 있어. 이 문제에 관심이 있다면 피에르 부르디외의 『구별짓기』를 직접 읽어 봐도 좋은데, 이를 쉽게 풀어 쓴 『취향의 정치학』이 윤희의 눈높이에 더 잘 맞을 것 같아 골라 봤어.

피에르 부르디외에 따르면, 어떤 사람의 문화적 취향은 그 사람이 속한 '계급', '계층', '교육' 등과 같은 사회적·문화적 환경에 더 큰 영향을 받는다고 해. 어떤 옷을 입고 어떤 운동을 좋아하는지, 어떤 음악을 즐겨 듣고 어떤 음식을 주로 먹는지 등 취향의 문제는 얼핏 개인적인 문제라고 생각하기 쉽지만, 사실은 사회에 존재하는 계급 질서를 반영한다는 거야. 바꿔 말하면 어떤 사람의 취향을 분석하면 그 사람이 속한 계급을 가늠할 수 있다는 말이지. 그런 점에서 취향은 개인적이고 선천적이기보다는, 사회적 조건에 의해 구성되는 특징을 가지고 있어.

여기까지는 '음, 그럴 수도 있지.' 하며 그런 대로 고개가 끄덕여지지? 계급의 차이가 취향의 차이로 드러날 수 있다는 데는 특별히 생각을 더할 게 없지. 그런데 우리가 주목해야 할 점은 지배적 위치에 있는 집단이 취향을 매개로 삼아 '구별짓기(distinction)'를 한다는 사실이야. 지배적 집단은 자신의 취향을 고상한 것으로 정당화하고 피지배 위치에 있는 집단의 취향을 부정함으로써, 일종의 '상징 폭력(symbolic violence)'을 행사해. 그리고 이를 통해 지배 질서를 정당화하고 영속화하려 하지. 가령 어떤 사람의 옷차림새를 두고 "너는 촌스럽게 (옷 입는) 스타일이 그게 뭐니."라고 폄하한다면, 그것은 지배 집단의 취향을 보편적이며 우월한 것으로 정당화하고, 피지배 집단의 취향을 열등한 것으로 간주해 버리는 발언일 수 있다는 거야. "클래식 음악이 대중음악보다 훨씬 듣기 좋아."라든지 "나는 그런 시골 음식은 먹지 않아." 등의 발언도 유사한 맥락으로 해석할 수 있지.

부르디외는 계급이 높은 사람들의 문화를 고급문화로, 그렇지 못한 문화를 무조건 저급문화로 구별 짓는 이분법은 분명히 잘못된 것이라 주장하고 있어. 예를 들어 어떤 사람이 클래식 음악 애호가이고, 축구보다 골프를 즐기며, 고급 레스토랑에서 식사를 하고, 고급 브랜드의 비싼 옷을 입는다고 가정해 볼까? 이 사람의 문화적 취향을 우리는 어떻게 해석해야 할까? 부르디외에 따르면 이는 그 사람이 절대적으로 우월한 안목이 있거나 재능이 있어서가 아니라, 고급문화를 접하기 쉬운 환경에서 자라며 무의식적으로 습득한 기호일 뿐이라는 거야. 그래서 취향이 한 사람을 총체적으로 평가하는 잣대가 되어서는 안 된다고 주장해.

우리 사회에서는 '유행'을 쫓아가지 못하면 '시대에 뒤떨어진다'며 촌스러운 사람 취급을 받을 때가 종종 있어. 첨단 유행을 따라야만 세련되고 시대를 앞서가는 사람으로 대접받는 경향이 있기도 하고 말이야. 윤희가 관심을 가지고 있는 패션의 영역에서는 이런 경향이 특히 심하지. 그런데 부르디외의 말을 곰곰이 되새겨 보노라면 이렇게 사고하는 것은 엄연한 폭력일 수 있다는 생각이 드네. 이 점은 '유행'을 이끌겠다던 윤희가 디자이너가 되어서도 끊임없이 고민해야 할 문제일 거야.

이 책 한번 볼래?

『당신의 아름다움은 얼마입니까』

애슐리 미어스 지음 / 처음북스

우리는 일상에서 패션모델을 자주 접하고 있어. 텔레비전에는 모델 출신의 연예인들이 진출하고, 신문과 잡지의 광고에 빠짐없이 등장하는 게 모델이지. 우리가 접하는 패션모델은 한결같이 아름다운 외모를 가졌고, 그들이 값비싼 옷을 입고 누비는 무대 위는 화려하기만 해.

하지만 『당신의 아름다움은 얼마입니까』를 읽으면 우리 눈에 비춰진 것과는 다른 패션계의 현실을 엿볼 수 있어. 실제로 패션모델의 노동 환경은 너무나도 가혹해. 이들은 어느 한 회사에 소속되어 있기보다는 프리랜서인 경우가 많기 때문에, 언제 일자리가 없어질지 몰라서 고용이 늘 불안한 상태란다. 그래서 항상 이리 뛰고 저리 뛰며 일감을 구하러 다녀야 하지. 또 일하는 과정 자체가 육체적으로 힘들지만, 항상 웃음을 유지해야 하는 감정노동자이기도 하단다. 게다가 모델 업계에서의 성공 여부는 개인의 능력보다는 '타이밍'이나 '행운' 등의 요소에 의해서 더 크게 좌우된다는 사실도 화려한 패션계의 이면에 숨겨진 불편한 진실이야. 실제 뉴욕과 런던, 밀라노 등 전 세계의 패션 도시를 돌아다니며 모델로 활동했던 저자는 자신의 경험을 바탕으로 업계의 진실을 적나라하게 파헤치고 있어. 윤희가 장래에 패션모델 쪽도 염두에 두고 있다고 하니, 꼭 한번 읽어 보렴.

이 책 한번 볼래?

『악마는 프라다를 입는다』

로렌 와이스버거 / 문학동네

『악마는 프라다를 입는다』는 세계 패션계에서 막강한 권력을 행사하고 있는 유명 패션지의 편집장 밑에서 일했던 저자가 자신의 실제 경험을 바탕으로 창작한 소설이야. 2003년에 출간된 후 엄청난 화제를 몰고 왔고, 그 여세를 몰아 2006년에 동명의 영화로도 제작되었을 만큼 매우 유명한 작품이란다. 패션 에디터의 세계를 바로 옆에서 지켜보듯 생생하게 묘사한 이 소설은 세계 패션계의 중심인 뉴욕에서 실제로 벌어지는 일을 다루었어. 윤희가 장차 패션계에 몸담길 원한다면 이 작품만큼 직접적으로 도움을 주는 책을 고르긴 힘들 것 같아.

대학을 갓 졸업한 주인공 앤드리아는 여자들이 특히 선망하는 직장에 들어가게 돼. 바로 세계 최고의 패션지《런웨이》의 편집장 미란다의 어시스턴트로 운 좋게 일하게 된 것이지. 그런데 화려한 겉모습과는 달리《런웨이》에서의 하루하루는 한 치의 실수도 용납지 않을 만큼 만만치 않아. 더구나 앤드리아의 상사인 편집장 미란다는 지옥에서 온 악마라는 생각이 들 정도로 하루 종일 그녀에게 끊임없이 지시하고 명령을 내리지.

평소 패션 잡지에 종사하고 있는 이들이 어떻게 일하는지 궁금했다면, 그들의 세계를 간접적으로 경험할 수 있다는 점에서 권장할 만한 책이야. 직장 생활의 애환을 낱낱이 담고 있기에 윤희가 사회에 첫발을 내디뎌 겪게 될 모습을 여러 각도에서 생각할 수도 있어.

이 영화 한번 볼래?

〈타인의 취향〉

아녜스 자우이 감독 / 1999년

〈타인의 취향〉은 피에르 부르디외의 『구별짓기』를 마치 영상으로 풀어서 설명하는 듯한 프랑스 영화란다. 영화의 주인공 카스텔라는 생업에 몰두할 뿐 '문화'와는 담을 쌓고 사는 인물로 그려져. 중소기업의 사장인 그는 생전 연극을 본 적도 없고, 소설이나 그림에 관심을 가져 본 적도 없지. 반면에 그의 아내 안젤리크는 스스로 매우 고급스러운 취향을 가지고 있다고 자부하는 인물이야. 그녀의 직업은 인테리어 디자이너인데, 남편 취향과 상관없이 집 안을 온통 핑크빛으로 꾸며 놓고 지낸단다.
어느 날 카스텔라는 아내와 함께 연극을 보러 갔는데, 연극의 주인공이 자신의 영어 교사 클라라였다는 사실을 알게 돼. 공연을 감동적으로 본 그는 이후 클라라 주변을 맴돌며, 그녀를 사모하게 되지. 하지만 돌아오는 반응은 무시와 조롱뿐이었어. 클라라는 비록 자신이 무명 배우에 불과하지만, 카스텔라보다 우월한 취향을 갖고 있다는 일종의 자부심을 가지고 있었거든. 그녀는 카스텔라를 문화적 소양이라곤 없는 무식하고 천박한 부르주아로 여겼던 거야.
하지만 영화가 진행됨에 따라 카스텔라는 고급 취향을 가지고 있다고 자부하는 사람들의 허위의식을 서서히 무너뜨리며 자신만의 새로운 취향을 만들어 간단다. 이 영화를 보면 고급문화와 저급문화라는 잣대가 얼마나 부질없는 것인지, 취향이 어떻게 권력이 되어 다른 취향을 무시하거나 억압하는지 깨닫게 될 거야. 패션과 떼려야 뗄 수 없는 취향에 대한 문제를 깊이 고민할 수 있는 작품이니 꼭 챙겨 보렴.

이런 책은 어때?

☞ 난이도
★ 하
★★★ 중
★★★★★ 상

● 패션 디자이너라는 직업의 속사정을 속속들이 알고 싶은 이들에게

문미영의 『패션 디자이너 되기』(들녘) ★★
이동섭의 『패션 코리아, 세계를 움직이다』(시공아트) ★★★

● 패션 업계에서 '전설'로 통하는 이들의 삶을 들여다보고 싶은 이들에게

앙리 지델의 『코코 샤넬』(작가정신) ★★★
문은영의 『칼 라거펠트, 변화가 두려울 게 뭐야』(탐) ★★★

● 패션 아이콘들을 통해 패션 산업의 구성 요소를 들여다보고 싶은 이들에게

강민지의 『아이콘의 탄생』(루비박스) ★

● 인류학에서부터 역사학, 미술, 복식사, 경영학에 이르기까지 거시적인 시각에서 패션을 조망하고 싶은 이들에게

피오나 맥도널드의 『패션을 보면 세계사가 보인다』(내인생의책) ★★★
이재정 · 박신미의 『패션, 문화를 말하다』(예경) ★★★★
김주리의 『모던 걸, 여우 목도리를 버려라』(살림) ★★★★
조안 핑겔슈타인의 『패션의 유혹: 욕망의 문화사』(청년사) ★★★★★
라르스 스벤젠의 『패션: 철학』(MID) ★★★★★

● 의복 속에 숨어 있는 과학을 다각도로 살펴보고 싶은 이들에게

최원석의 『패션 사이언스』(살림Friends) ★★★

● 사치, 명품, 브랜드 등이 지닌 의미를 깊이 살펴보고 싶은 이에게

김경선의 『꼰대 아빠와 등골브레이커의 브랜드 썰전』(자음과모음) ★★
김윤성 · 류미연의 『명품 판타지』(레디앙) ★★★
질 리포베츠키 · 엘리에트 루의 『사치의 문화』(문예출판사) ★★★★★

스왓(SWOT) 분석

선생님이 네가 꿈꾸는 너의 미래를 일목요연하게 정리해 봤어.
선생님이 해 준 이야기를 참고해서 너에게 꼭 맞는
자신만의 꿈을 설계해 보렴.

S Strength 강점	W Weakness 약점
▪ 개인의 창의적 역량을 마음껏 발휘할 수 있음. ▪ 새로운 디자인을 창조하고, 대중의 유행을 이끌어 간다는 자부심과 보람이 있음.	▪ 교육 비용이 만만치 않으며, 고된 수습 및 훈련 기간을 거쳐야 함. ▪ 진입 초기에는 안정적인 수입을 기대하기 어려움.

기회 Opportunity O	위협 Threat T
▪ 패션을 통한 개성 표출 욕구의 증대. ▪ 영상 매체의 발달이 패션 산업 발달에 촉매 역할을 하고 있음.	▪ 대량생산 시스템을 갖춘 중저가 해외 브랜드의 약진과 그에 따른 패션 디자이너의 신규 수요 감소 우려.

관련 직업

개인 사업가, 전문 경영인(CEO)

사업 수완 좋은 청년, 경영의 신神이 되다!

: '자영업자'를 꿈꾸는 친구들에게

▸▸ 핵심 도서

『앨빈 토플러 청소년 부의 미래』 **앨빈 토플러 · 하이디 토플러 / 청림출판**

『CEO, 고전에서 답을 찾다』 **유필화 / 흐름출판**

『교과서에 나오지 않는 발칙한 생각들』 **공규택 / 우리학교**

선생님, 안녕하세요? 지영이입니다. 저는 공부도 잘 못하고, 학업에 흥미가 그다지 큰 것 같지 않아 걱정이에요. 아무리 공부에 취미를 붙여 보려 노력해도, 생각처럼 잘 되지 않네요. 성적표를 받고 매번 좌절하던 저는 공부 말고 더 잘할 수 있는 게 무엇인지 고민하며 스스로를 돌아보았어요. 성적이 낮아서 지금 당장은 내세울 게 별로 없지만, 앞으로 다가올 미래까지 초라하긴 싫었거든요.

그렇게 곰곰 생각해 보니 제가 다른 친구들보다 '아이디어'가 많다는 것을 발견했어요. 무슨 아이디어냐고요? 작년 가을 축제 때 우리 동아리에서 솜사탕과 티셔츠를 판매해서 고수익을 올렸던 것 기억하시죠? 그게 전부 제 아이디어였거든요. 친구들이 저더러 '사업가 기질이 있다'고 입을 모아 말하더라고요. 몇몇 선생님들은 '수완이 좋다'는 말씀을 해 주시기도 했고요. 그래서 말인데요, 나중에 커서 개인 사업을 해 보면 어떨까요? 새로운 시장을 개척하는 쾌감도 크고, 사람들이 원하는 상품을 판매해 수익을 크게 남기면 정말 보람될 것 같아요. 그런데 선생님, 나중에 개인 사업을 하게 되더라도 공부는 계속해야 하는 거죠? 어떤 분야를 공부하면 좋을까요?

공쌤의 편지

새로운 것을 추구하여 부를 창출하자

우리는 취업이 어려운 불황의 시대를 살고 있어. 좋은 직장 구하기가 하늘의 별 따기라고들 해. 특히 청년 실업 문제가 심각해. 그래서 정부 당국은 물론 지자체마다 청년 일자리 창출을 위해 백방으로 노력하고 있지만, 효과는 크지 않고 청년 실업률도 나아질 기미가 보이지 않아. 이런 상황에서 졸업 후 필사적으로 직장을 구하는 길을 과감히 포기하고, 본인이 좋아하는 일, 잘하는 일, 의미 있는 일을 찾아 창업을 고민하는 것은 그 나름대로 의미가 있다고 생각해. 바늘구멍 같은 취업난을 뚫느라 스트레스를 받느니, 창업에 도전하면 자기 성취의 기회로 거듭날 수 있거든.

지영아, 혹시 '창직(創職)'이라는 말 들어 봤니? 새로운 직업을 창조해 내는 일을 말해. '창업(創業)'은 단순히 자기가 회사를 차린다는 개념이지만, '창직'은 기존에 없던 직종을 새롭게 개척하는 일이라는 점에서 차이가 있어. 얼마 전까지만 해도 존재하지 않았던 '온라인 쇼핑몰 운영자'나 '프로게이머' 등은 창직에 의해서 생겨난 직업이라 할 수 있지. 자영업을 하고 싶다면 창업도 물론 좋지만, 아주 새로운 분야의 선두주자가 될 수 있다면 금상첨화일 거야. 경쟁이 치열한 '레드 오션'의 시장에서 성공하기는 정말 어렵거든. 주변을 돌아보며 미개척 분야인 '블루 오션'에 뛰어들어 새로운 시장을 만들어 봤으면 해.

개인 사업은 요즘 젊은이들이 몰두하는 '학벌'이나 '스펙' 없이 흥미와 적성만 있으면 누구에게나 도전의 기회가 열려 있어서 좋지만, 그렇다고 해서 학교 다니는 동안 아무것도 배우지 않아도 된다는 뜻은 아니야. 사업을 관리하고 운영하는 행위를 '경영'이라고 하는데, 엄연히 '경영학'이라는 학문이 존재하고, 이와 밀접한 연관성을 갖는 전공 학과로 '무역학과, 경제학과' 등이 있어. 또 최근에는 실무를 강조한 '비즈니스학과'가 생겨났을 만큼, '사업'은 매우 전문적인 영역에 속해.

지영이가 수익을 크게 남기고 싶다고 했는데, 돈을 번다는 것은 달리 표현하면 남의 돈을 자기 돈으로 만드는 행위잖아. 그렇다면 돈을 벌기 위해서는 사람의 마음을 움직여서, 그 사람이 돈을 쓰도록 만들어야 해. 결국 개인 사업은 '사람'과 '부(富)'에 대해서 잘 알아야 성공할 가능성이 높아지는 것 아니겠니? 우선 '부'에 대해서 알아보도록 하자.

청소년이 알아야 할 '부'의 미래

'부'를 축적하고자 하는 것은 모든 현대인의 공통된 소망이 아닐까 싶어. 그런데 '부'라는 것은 도대체 뭘까? 일반적으로 '돈'을 떠올리겠지만, 돈은 부의 한 형태일 뿐 동의어는 아니야. 세계적인 미래학자 앨빈 토플러Alvin Toffler가 청소년을 위해 특별히 저술한 『앨빈 토플러 청소년 부의 미래』를 보면, 세상에는 눈에 보이는 부(visible wealth)와 눈에 보이지 않는 부(invisible wealth)가 있다고 해. 현금이나 현물, 그리고 부동산 등과 같은 유형자산이 전자에 속하고, 저작권·특허권·상표권 등 지식재산권이나 정보, 지식 같은 무형자산이 후자에 속한단다. 토플러는 이 책에서 부를 만들어 내는 근원이 어떻게 변화하고 있는지 분석하고 있는데, 미래는 지식 기반의 경제로 탈바꿈하게 되면서 무형자산의 가치가 빠르게 증가할 것이라 예측하고 있어. 물리적인 힘이나 돈이 아니라 '지식'이야말로 미래 사회의 권력이 될 거라는 거지. 저자의 말대로 지금도 무형자산의 비중이 점점 더 커져 가고 있음을 곳곳에서 목격할 수 있어. 지영이가 부에 관심이 있다면 앞으로는 후자, 즉 '보이지 않는 부'에 더 많은 관심을 가져야겠지?

토플러는 '시장'의 변화에도 주목하고 있어. 시장이 점차 세분

앨빈 토플러

화되고 개성화되어 간다는 거야. 저자는 소비자의 요구에 맞춰 '고객 맞춤형 생산'이 이루어지면서, 대량 판매를 주도하던 기존의 전통 시장의 모습에서 혁명적인 변화가 일어나고 있다는 분석을 내놓고 있단다. 또 탈(脫)시장화와 시장화가 동시에 이루어지고 있다고 해. 능동적 소비자들이 공짜나 다름없는 대안을 제공하여 기존의 재화와 서비스를 시장 밖으로 내쫓는가 하면(탈시장화), 직접 개발한 제품을 시장에 내놓기도 한다는 거야(시장화). 그런가 하면 시장이 빠르게 '사이버화'되고 있다는 점도 간과해서는 안 된다고 말해. 눈앞에서 현금이 오가지 않는 전자 상거래의 비중이 급속하게 늘어나는 점도 같은 맥락에서 이루어지고 있는 변화라고 볼 수 있지. 앞으로 지영이가 사업을 해 볼 생각이라면, 변화하고 있는 시장의 거대한 흐름을 절대로 놓쳐서는 안 될 거야.

선생님은 이 책을 읽으며 미래의 화폐에 대한 저자의 예견이 흥미로웠어. 현금 거래, 신용카드 거래를 뒤로하고 휴대전화 결제가 대중화될 것이고, 머지않아 생체 인식 기술을 적용한 결제 방식이 활성화될 것이라고 예견하는 대목까지는 고개를 끄덕이며 읽었지. 그런데 미래 사회에 도저히 어울릴 것 같지 않은 물물교환의 시대가 올 것이라고 예견하는 부분은 정말 뜻밖이었어. 몰라서 그렇지, 지금도 국가 간 무역에 이미 물물교환이 활성화되어 있는데, 물물교환은 환율 변동에도 영향을 받지 않는 등 우리가 미처 알지 못했던 이점이 많다고 해. 디지털 화폐라고 불리는 가상 화폐 '비트코인'이 쓰이기 시작했다는 최근의 뉴스만 보더라도, '돈'의 미래, 더 나아가 '부'의 미래가 어떨지, 지영이가 기대를 가지고 두고 볼 일인 것 같아.

CEO는 옛 고전에서도 배운다

지영이는 공부에 별로 흥미가 없다고 했는데, 사업가라는 것이 설마 공부를 전혀 안 해도 되는 직업이라고 생각하는 것은 아니겠지? 세계적으로 성공한 전문 경영인(CEO)을 보면, 자기 분야에 대해 열심히 연구하고 책도 많이 읽었던 사람들임을 알 수 있어. 세계적으로 남들보다 앞서 나간 '리더(leader)'가 대부분 남들보다 책을 많이 읽는 '리더(reader)'였다는 것은 이미 널리 알려진 사실이란다. 미국의 유명한 기업가인 스티브 잡스와 빌 게이츠도 독서를 즐겼는데, 이들은 특히 인문학에 관심이 많았어. 스티브 잡스가 "애플의 모든 제품은 인문학과 기술의 교차점에 서 있다."라고 말했던 사실, 그리고 빌 게이츠가 "인문학이 없었다면 나도 없고 컴퓨터도 없었을 것이다."라고 말했던 사실은 모두 이를 증명한단다.

인문학은 '사람'에 대해 말하는 학문이야. 인문학 분야의 고전(古典)은 인간의 본질을 꿰뚫는 통찰을 보여 주고 있기에, 많은 사람을 만나고 관리해야 하는 CEO들이 반드시 챙겨 읽어야 할 책이라고 할 수 있지. 『CEO, 고전에서 답을 찾다』는 옛 고전이나 사상가들의 글과 말에서 경영의 시사점을 찾아내고 있어. 이 책은 로마 시대의 사상가 '세네카', 중국의 전술가 '손자', 이탈리아의 정치사상가 '니콜로 마키아벨리', 독일의 군사 평론가 '카를 폰 클라우제비츠', 미국의 경영학자 '피터 드러커' 등을 주인공으로 내세우고 있는데, 그들의 중심 사상(심지어 그들이 남긴 말 한마디마저도)이 경영에서 봉착하는 다양한 문제를 해결하는 중요한 단서가 된다고 설명해.

선생님은 이 책에 소개된 다양한 사상가 중에 특히 '석가모니'의 말과 그의 사상이 경영에 큰 시사점을 준다는 점이 참 인상적이었어. 구체적으로 예를 들어 볼까? '남을 먼저 이롭게 함으로써 결국은 자기에게 득이 된다'는 뜻의 '자리이타(自利利他)' 정신은 인류 최초로 '고객 만족'을 주창한 것으로 저자는 해석하고 있어. 경영의 목표를 고객 만족에 두는 것은 당장은 힘들고 이윤을 남기기 힘들어 보이지만, 궁극적으로는 기업의 이윤을 극대화하는 지름길이라는 거지.

혹시 지영이는 "어느 곳에 있든지, 있는 그 자리에서 주인이 되어라."라는 말을 들어 봤니? 회사가 직원들에게 주인 의식을 심어 주기 위해 외치는 흔한 구호이니, 아마 낯설지 않을 거야. 기업의 모든 구성원이 "이 회사는 내 회사다." 하는 주인 의식이 있어야, 자신의 일에 최선을 다하게 되고 그것이 회사를 번창시키는 힘으로 이어지기 때문에 만들어진 구호겠지. 그런데 이 책의 저자는 석가모니가 남긴 유명한 말인 "너 자신을 등불로 삼고, 진리를 등불로 삼아라."를 주인 의식과 연결해서 해석하고 있어. 그 밖에도 기업의 건전한 토론 문화, 사람의 무한한 가능성에 대한 신뢰, 실천을 강조하는 경영 등 현대 경영에서 중요하다고 여겨지는 핵심 사항이 모두 석가모니의 사상에 내포되어 있다는 저자의 설명이 이어진단다.

이 책을 읽으면 시대를 관통하고 다양한 분야를 포괄하는 진실이 인문 고전 속에 들어 있다는 사실을 알게 될 거야. 선생님이 당부하고 싶은 것은, 이 책을 읽는 데만 그치지 않고 책에 소개된 사상가들의 저서를 찾아서 읽는 '꼬리에 꼬리를 무는 독서'를 시도해 보라는 거야. 짤막한 해석을 접하는 것과는 또 다른 매력을 느낄 수 있을 거야.

모쪼록 앞으로 사업을 하게 되더라도, 열심히 공부하고 많은 책을 읽어서 세상을 배우고 사람에 대해 알아 가는 일을 게을리하지 않길 바랄게. 그래야 지영이가 평생 동안 몸담을 전문 분야에서 성공할 수 있다는 것, 명심하렴.

'차별성'와 '창의성'은 창업의 무기

선생님은 미래의 '장사꾼'에게 가장 요구되는 것은 다른 사람과의 '차별화'라고 생각해. 많은 사람들과 똑같아서는 성공할 수가 없으니까. 가만히 생각해 봐. 우리가 밥 한 끼 먹기 위해 식당을 고를 때도, 다른 식당에서 맛볼 수 없는 특별한 맛을 가진 식당을 '맛집'이라고 하며 일부러 찾아가게 되잖아.

'차별화된다'는 것은 남들과 '다르다'는 거야. 그렇다면 다르게 사고하고, 행동하기 위해서는 무엇이 필요할까? 그것이 바로 '창의성'이야. 지영이 같은 학생을 위해 선생님이 직접 쓴 책 『교과서에 나오지 않는 발칙한 생각들』을 소개하려고 해. 이 책은 다양한 일상의 사례를 통해 창의성의 중요성을 강조하고 있단다. 특히 사업 활동 중에 만난 갖가지 문제를 창의성을 발휘하여 해결해, 남다른 성과를 이뤄 낸 사업가들을 만나 볼 수 있지. 이 책에서 제시한 창의성의 유형들 가운데 사업가에게 필요한 몇 가지를 뽑아서 간략하게 소개할게.

첫째, 자신의 약점을 장점으로 바꿀 줄 아는 데서 창의적 사고는 탄생해. 가령 작은 차라는 단점을 오히려 강조하여 다른 차와

차별화 전략을 꾀했던 자동차 제조 회사, 1등보다 2등이라는 것을 강조하여 수없이 많은 업체가 난립하는 시장에서 독보적인 2등을 안정적으로 차지하게 된 어느 렌터카 업체의 이야기 등을 읽어 보면 이를 잘 이해할 수 있을 거야.

둘째, 똑같은 상품이라도 '다르게' 팔면 차별화될 수 있단다. 조선의 거상(巨商) 임상옥이 중국 상인들의 조직적 불매 운동 때문에 인삼을 팔 수 없게 되자 기지를 발휘하여 오히려 더 높은 가격을 받고 판매한 사례, 국내의 난로 회사가 일교차가 큰 사막 지역에 석유난로를 판매한 사례, 추운 나라 러시아에 에어컨을 수출한 전자 제품 회사의 사례 등을 읽어 보면 판매 전략의 차별화가 무엇인지 확실히 알 수 있을 거야.

셋째, 모순을 피하지 말고 극복함으로써 창의적인 해결책이 만들어지기도 해. 이를테면 '공익이냐, 기업의 이윤이냐'를 고민해야 하는 모순적인 상황에서 친환경 기업의 이미지로 '공익'과 '이윤'이라는 두 마리 토끼를 다 잡은 어느 화장품 회사의 경우가 그렇단다. 지영이가 잘 아는 검색 엔진 구글의 사례도 여기에 해당해. 구글은 '광고 수익이냐, 신속한 접속이냐'의 모순적인 선택지 앞에서, 여백이 있는 사이트 화면을 기획하고 검색과 광고를 연결함으로써 이를 해결했거든. 일반인에게는 모순으로 인식되어 난감한 상황이지만, 창의적인 안목을 발휘하면 모순이 오히려 전화위복의 계기가 된다는 것을 알 수 있겠지? 이 책에 담긴 사례는 모두 지영이가 사

구글의 메인 검색 페이지

업가로서 미래를 살아가는 데 도움이 될 만한 값진 이야기란다. 그러니 찬찬히 읽어 보면서 사업가로서 필요한, 남다른 생각을 한번 해 보는 것은 어떨까?

이 책 한번 볼래?

『정글만리』

조정래 / 해냄

앞서 선생님이 『앨빈 토플러 청소년 부의 미래』를 소개했지? 이 책에서 앨빈 토플러는 앞으로 세계 경제의 중심이 현재의 미국에서 중국으로 이동하는 지각변동이 일어날 것을 예상하고 있어. 실제로 중국은 가파른 성장을 계속하며 미국과 함께 이미 G2(주요 2개국) 반열에 올랐어. 이런 사실이 사업을 하려는 지영이에게 무엇을 시사할까? '장사꾼'이라면 중국을 무시해서는 안 된다는 거야. 바꿔 말해 중국이라는 시장은 사업가들에게는 '기회의 땅'인 거지.

대하소설 『태백산맥』으로 유명한 조정래의 『정글만리』는 세계 경제의 정글이라고 비유되는 중국에서 벌어지는 한국, 중국, 일본의 비즈니스 경쟁을 그리고 있어. 재미로 읽어도 손색이 없는 소설인데, 이야기를 읽어 나가다 보면 중국이 왜 매력적인 시장인지, 중국에서는 사업을 어떻게 해야 하는지, 그리고 중국인은 어떤 속성을 지닌 사람들인지 등을 저절로 알 수 있게 돼. 작가는 이 소설을 쓰기 위해 수년 동안 현지답사를 하고 중국 경제의 실상과 역사, 문화를 철저히 조사하고 공부했다고 해.

중국은 14억의 인구 대국이야. 그들에게 물건을 팔아 단돈 10원씩만 이익을 남겨도 140억을 벌 수 있다는 이야기지. 하지만 아무리 '기회의 땅'이라 하더라도 무작정 달려들면 '백전백패'할 수밖에 없겠지? 정확히 알고 준비한 자만이 '기회'를 '성공'으로 연결시킬 수 있다는 것을 명심하렴.

이 책 한번 볼래?

『문화 장터를 여는 청년 기획자들』

원철 / 파라북스

지영이가 고등학교를 졸업한 후에 곧바로 사업을 시작한다면, 단기간에 좋은 성과를 내기는 힘들 거야. 충분히 공부하고 준비해야만 실패를 최소화할 수 있는 법이거든. 창업과 창직에 관한 지식이 아직 부족할 뿐만 아니라, 어쩌면 새로운 길을 걷는 것에 대한 두려움이 클지도 모를 지영이에게 여러모로 도움이 되는 책을 한 권 소개할게. 『문화 장터를 여는 청년 기획자들』은 이제 막 사회에 발을 내디딘 젊은 청년 사업가들의 용기 있는 도전기를 담고 있어.

이들이 활동하는 곳은 영등포 '달시장', 구로 '별별시장', 홍대 '희망시장', 대학로 '마르쉐', 전주 '남부시장' 등의 장터란다. 이곳 장터에 모인 '청년 기획자'들은 저마다 다른 성장 배경과 사업 노하우를 가지고 자신의 사업을 키워 나가고 있지. 이들의 성장은 지역 상권을 살리는 역할도 톡톡히 하고 있어. 20대 초반에 지영이가 사업을 시작하면 바로 이런 모습으로 진로를 개척해 나가기 시작할 것 같더구나. 어떻게 보면 이 책의 주인공 한 사람 한 사람이 모두 지영이의 인생 선배가 될 수 있을 것 같아. 재미있게, 열정적으로 살아가는 이 시대의 청년 사업가들을 한번 만나 보렴.

이 영화 한번 볼래?

〈조이〉

데이빗 O. 러셀 감독 / 2015년

지영이를 위해 특별히 여자가 주인공인 영화를 골라 봤어. 우리 사회에서 여성이 사업가의 길을 걸어간다는 것이 여간 어려운 일이 아닌데, 미국을 배경으로 한 이 영화에서도 별반 다르지 않더구나. 이 영화를 보며, 지영이가 이런 척박한 현실에서 미리 준비할 것과 각오해 두어야 할 것을 생각하는 기회를 가졌으면 해.

영화의 주인공은 세 아이를 키우며 홀로 힘겹게 살아가는 싱글맘 '조이'야. 그는 각종 부업과 아르바이트를 하며 고단한 삶을 이어 가던 중, 주방에서 문득 떠오른 아이디어 하나를 붙잡고 사업을 시작하려 하지. 조이가 개발한 제품은 손으로 짜지 않아도 되는 밀대 걸레 '미라클 몹'으로, 청소의 수고를 덜어 주는 혁신적인 제품이었어. 그러나 사업 경험이 전혀 없는 조이는 기업과 투자자로부터 철저히 외면받으며, 비즈니스 세계의 높다란 장벽 앞에서 매번 좌절하지.

기적적으로 홈쇼핑 방송의 기회가 생겼지만, 무성의한 쇼호스트의 진행 때문에 제품은 단 한 개도 팔지 못한 조이는 파산 직전까지 몰리게 돼. 홈쇼핑 물량을 맞추려고 20만 달러라는 어마어마한 빚을 져 가며 어렵게 얻은 기회를 이렇게 허무하게 날려 버릴 수는 없었어. 조이는 홈쇼핑 채널의 경영 이사를 직접 찾아가 다시 한 번 기회를 얻게 된단다. 그리고 직접 카메라 앞에 서서 자신의 제품을 소개하지. 미라클 몹은 조이의 끈질긴 노력 끝에 미국 홈쇼핑 역사상 최대 판매를 거두는 상품이 된단다. 실패를 딛고 성공한 사업가인 '조이 망가노'의 실화를 바탕으로 제작된 이 영화는, 지영이의 도전에도 많은 도움을 줄 수 있을 것 같구나.

이런 책은 어때?

☞ 난이도
★ 하
★★★ 중
★★★★★ 상

● 도전의 길을 걷는 기업가들의 살아 있는 경영 이야기가 궁금한 이들에게

다케우치 가즈마사의 『엘론 머스크, 대담한 도전』(비즈니스북스) ★★
필립 델브스 브러턴의 『장사의 시대』(어크로스) ★★★
토드 부크홀츠의 『죽은 CEO의 살아 있는 아이디어』(김영사) ★★★★

● 수세기에 걸친 기업의 진화와 발전, 쇠퇴와 번영의 순간을 되짚어 보며 기업이 나아가야 할 길을 모색하고 싶은 이들에게

중국 CCTV 다큐멘터리 제작팀의 『기업의 시대』(다산북스) ★★★★
짐 콜린스의 『위대한 기업은 다 어디로 갔을까』(김영사) ★★★★

● 경영의 원리와 현대 경영의 역사적 발전 과정을 추적하고 싶은 이들에게

장영재의 『경영학 콘서트』(비즈니스북스) ★★★
필립 델브스 브러턴의 『하버드 경영학 수업』(어크로스) ★★★★
미타니 고지의 『경영 전략 논쟁사』(엔트리) ★★★★★

● 수익을 창출하면서도, 사회적 소명을 실천하며 인류에 공헌하는 '사회적 기업가'들의 활약상이 궁금한 이들에게

유병선의 『보노보 혁명』(부키) ★★★
박명준의 『사회적 영웅의 탄생』(이매진) ★★★
김정헌 외 4인 『같이의 가치를 짓다』(유유) ★★★

● 창의력을 키우는 훈련을 하고 싶은 이들에게

이광형의 『누가 내 머릿속에 창의력을 심어 놨지?』(문학동네) ★★
데이비드 니븐의 『나는 왜 똑같은 생각만 할까』(부키) ★★★

스왓(SWOT) 분석

선생님이 네가 꿈꾸는 너의 미래를 일목요연하게 정리해 봤어.
선생님이 해 준 이야기를 참고해서 너에게 꼭 맞는
자신만의 꿈을 설계해 보렴.

S Strength 강점

- 학력이나 스펙에 구애받지 않고, 자유로운 업무 환경에서 창의적으로 일할 수 있음.
- 자신의 아이디어를 직접 제품화함으로써 이익을 극대화할 수 있음.

W Weakness 약점

- 상품 수요가 한정되어 있고, 업종 내의 경쟁이 심하여 성공이 보장되지 않음.
- 초기 투자 자본 마련이 쉽지 않으며, 시장 진입 장벽이 매우 높음.

O Opportunity 기회

- 제조 기술의 발달, 사회 변화 등에 따라 새로운 상품 및 서비스가 속속 개발됨.
- 국가가 정책적으로 창업, 창직을 권장하는 사회 분위기.

T Threat 위협

- 경제 인구 감소로 인해 내수 경제가 점차 위축될 우려가 있음.
- 사업의 성쇠가 국제 · 외교 관계에 따라 부침이 심함.

③

인간과 자연의 유쾌한 대화를 시도하다

: 인간과 자연이 공존하려면 어떻게 해야 할까?

관련 직업

사육사, 동물학자, 반려동물 관리사

동물이 좋아, 동물과 함께 살어리랏다

: '수의사'를 꿈꾸는 친구들에게

▸▸ **핵심 도서**

『동물 해방』 피터 싱어 지음 / 연암서가

『철학자와 늑대』 마크 롤랜즈 / 추수밭

『인간과 동물』 최재천 / 궁리

선생님, 안녕하세요? 민주입니다. 저는 장래에 수의사나 사육사처럼 동물과 함께하는 직업을 가지고 싶어요. 요즘 집에서 반려동물을 몇 마리 기르고 있는데 정말 귀엽고 사랑스러운 거 있죠! 평소 동물이라면 사족을 못 쓰는 저는 동물이 나오는 텔레비전 프로그램은 꼭 챙겨 본답니다. 〈TV 동물 농장〉과 같은 예능 프로그램이나 동물 관련 다큐멘터리에서 비춰지는 동물의 세계는 참 재미있을 뿐만 아니라 신기하기까지 해요. 들여다볼수록 경이로운 동물들과 함께 평생 일할 수 있다면 이보다 더 행복할 수는 없을 것 같아요.

동물과 관련된 직업을 찾아보니, 아픈 동물을 보살피는 '수의사', 동물원에서 갖가지 동물을 관리하는 '사육사', 동물들의 삶을 연구하는 '동물학자', 반려동물을 관리하는 '반려동물 관리사' 등이 있더라고요. 선생님, 이런 꿈을 이루기 위해 도움이 될 만한 좋은 책이나 팁을 알려 주세요.

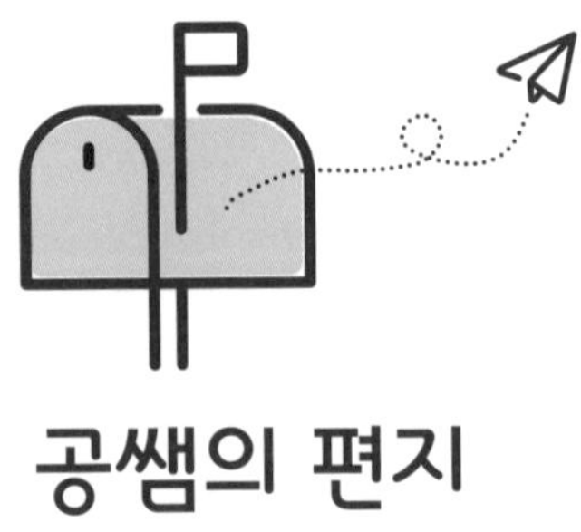

공쌤의 편지

인간과 함께 살아가는 친구, 동물

민주도 알다시피 동물은 역사적으로 인간의 일상생활에 여러모로 큰 도움을 주고 있는 고마운 존재야. 인간을 위해 힘든 일을 해 주고, 음식과 옷을 제공하며, 심지어 오락용으로도 널리 이용되어 왔지. 그렇다면 인간은 이런 고마운 동물에게 합당한 처우를 해 주고 있을까? 이 질문에는 고개를 갸웃할 수밖에 없는 게 현실이구나. 우리나라의 경우만 하더라도 반려동물을 기르는 가구가 점차 늘어나고, 동물에 대한 관심도 커지고 있잖아. 하지만 어떤 사람들은 기르던 개가 병들거나 귀찮아지면 아무 데나 버리는가 하면, 심지어 길고양이를 일부러 잡아서 장난삼아 괴롭히기도 한다고 해. 이런 사례를 보면, 반려동물의 수는 폭발적으로 늘고 있지만, 생명을 대하는 사회 전반의 가치관은 크게 개선되지 않고 있는 것 같더구나.

과연 인간에게 동물은 어떤 의미가 있는 존재일까? 역사를 거슬러 올라가 『구약성경』의 「창세기」 1장의 내용을 보면, 창조주가 인간에게 모든 생물을 마음대로 지배하고 이용할 권리를 부여하고 있음을 알 수 있어. 그뿐만 아니라 중세 기독교는 동물을 악마와 어리석음의 화신으로 간주하기도 했지. 게다가 철학자 데카르트는 동물을 마치 감정이 없는 기계처럼 취급하여, 동물에게는 의무나 권리 따위가 없다고 선언한 적도 있어. 아마도 이러한 사상이 오늘날 사람들이 은연중에 동물을 차별하고 비하한 배경이 되지 않았을까 싶어.

그런데 최근에는 '동물권(animal rights)'이라는 개념이 부각되면서 동물을 학대하는 행위를 금지하는 법률이 세계 곳곳에서 만들어졌단다. 이제는 우리와 공존하는 동물에 대해서 새로운 인식을 가져야 할 때가 아닌가 싶어. 이런 시대적 흐름에서 민주가 동물을 아끼고 사랑하는 마음으로 수의사, 반려동물 관리사, 사육사, 동물학자 등의 꿈을 품게 된 것은 참 의미 있는 일로 보이는구나.

동물과 인간, 모두 '고통'을 느끼는 존재

민주야, 혹시 '종차별주의(speciesism)'라는 말을 들어 봤니? 이 말은 인간이 다른 동물을 열등한 종으로 규정하여 업신여기는 태도

나 경향을 의미해. 실제로 인간은 동물을 업신여기다 못해 학대하기까지 해. '인간은 만물의 영장'이라는 인간 중심적인 믿음이 동물 학대를 조장한 면이 없지 않은데, 오스트레일리아 출신의 철학자 피터 싱어Peter Albert David Singer는 『동물 해방』이라는 저서를 통해 이 문제를 집요하게 파고들었지.

실천 윤리학의 거장이자 동물 해방주의자인 피터 싱어는 『동물 해방』에서 특정 종(種)에 속했다는 사실을 근거로 차별이나 착취를 해서는 안 된다고 말하고 있어. 단순히 한 개체가 어떤 종에 속해 있다는 이유로 그 존재를 차별하는 것은 일종의 편견이라는 의미지. 저자는 고통을 느낄 수 있는 모든 존재는 동등하게 고려해야 할 가치가 있다고 주장해. 어떤 동물이라도 그 동물이 속한 종에 근거하여 하찮은 미물로 취급하는 일은 인간 사이에서 저질러지고 있는 인종차별만큼 나쁘다는 거야.

그런데 무엇보다 그가 주장하는 근거가 아주 주목할 만해. 동물은 고통을 느낄 수 있는 능력이 있기 때문에 존중받아야 한다고 말하거든. 그동안 인간은 언어와 이성적 사고 등의 유무로 동물을 차별하고 착취해 왔어. 그런데 피터 싱어는 인간과 동물이 똑같이 쾌락과 고통을 느낄 수 있으므로, 동물에게도 인간과 같은 도덕적 권리를 인정해 주어야 한다고 주장하지.

저자는 이 책에서 크게 두 가지 측면으로 동물 학대의 현장을 신랄하게 고발하고 있어. 하나는 '무차별적으로 시행되는 동물실험의 현장'이고, 나머지 하나는 '비윤리적인 동물 사육과 도축의 현장'이지. 오로지 인간을 위해 수많은 동물이 실험실에서 이용당하고, 공장식 농장에서 마치 공산품처럼 대량으로 사육·도축되고 있는 현장을 피터 싱어는 묵과하지 않았어. 이러한 환경이 동물들에게 견디기 힘든 고통을 주고 있으니, 그들의 고통을 제거하기 위해 다 같이 노력해야 한다는 거야.

또 그는 이와 같은 잔혹한 행위가 나타나게 된 역사적·문화적·사회적 배경을 살피고, 잔혹한 동물 학대의 배후에 깔려 있는 종차별주의적 사고의 불합리함을 폭로하면서 이를 극복해 나가자고 권유하지. 피터 싱어의 이 책은 우리가 동물을 보는 방식, 그리고 궁극적으로 우리 자신을 바라보는 방식을 바꾸어 놓은 매우 의미 있는 책이야. 한편 이 책과는 또 다른 방식으로 인간을 되돌아보게 하는, 어느 동물에 관한 이야기가 있단다. 바로 『철학자와 늑대』라는 책이야.

늑대, 인간을 비추어 보는 거울이 되다

영국 출신 철학자 마크 롤랜즈Mark Rowlands의 『철학자와 늑대』는 어떤 사람이 늑대를 입양하여 11년 동안 키우고 떠나보내는 모든 과정을 세세히 적은 일종의 늑대 사육기야. 이 책이 특별한 이유는 늑대와 우정을 쌓은 사람이 바로 철학자라는 데 있어.

이 책은 죽어 가는 늑대를 저자가 차에 태우고 어디론가 향하는 장면으로 시작해. 저자는 '브레닌'이라는 이름의 늑대를 떠나보내면서 이 늑대를 처음 만났던 때부터 임종 직전까지 있었던 일들을 차례차례 떠올린단다. 그리고 자신이 브레닌을 어떻게 돌보아 왔는지를 차분하게 풀어내지. 그런데 저자는 늑대의 생태를 찬찬히 살피다가 인간보다 뛰어난 점이 있다는 것을 발견해. 그래서 늑대를 통해 '인간'이라는 종을 철학자의 입장에서 들여다보게 된 거야.

인간은 만물의 영장이라고 하는데 '과연 인간이 늑대보다 위대한지'를 자문해 보니 아무래도 그것은 자만이라는 생각을 떨칠 수가 없었어. 그래서 저자는 인간과 늑대는 삶의 방식이 다를 뿐 절대로 늑대보다 인간이 우위에 있을 수 없다고 주장해. 가령 인간이 늑대보다 똑똑하고 지능이 높다는 것은 단순히 남을 속이고 거짓말을 잘하는 능력일 뿐이라고 평가 절하하지. 반면에 늑대의 생태를 보니 거짓된 행동, 즉 상대를 속이는 행동이 없더라는 거야. 게다가 인간처럼 복수라는 감정이 없기 때문에 싸움을 하고 나서도 금방 화해하고 잊어버리더래. 하지만 인간은 어때? 평생 복수심을 품고 살기도 하는 존재가 바로 인간이잖아. 그래서 저자는 인간(영장류)의 성향을 늑대에 비추어 다음과 같이 스스로 반성해.

> '영장류'는 세상을 도구의 개념으로 이해하는 성향이다. 영장류에게 있어 가치는 효용에 따라 결정된다. 영장류는 삶을 확률을 따져 계산한 후, 그 결과를 자신에게 유리하게 이용하는 것으로 보는 성향이다. 영장류는 세상을 자신의 필요에 따라 이용할 자원의 종합체로 보는 성향이다. … 영장류는 친구를 만들지 않고, 그 대신 서로 연합하는 성향이다. 영장류는 동료 영장류를 단순히 바라보는 것이 아니라 감시한다. 그러면서 항상 이용할 기회를 노린다. … 영장류의 단 하나의 원칙은 '상대가 무엇을 해 줄 수 있으며, 그 대가로 나는 어느 정도 해 주는가'이다.
>
> — 마크 롤랜즈, 『철학자와 늑대』에서

선생님이 이 책에서 가장 인상적으로 받아들인 내용은 바로 늑대가 현재에 충실할 뿐, 과거에 연연하지 않고 미래를 지레 두려워하지 않는다는 거야. 브레닌은 암에 걸려 죽어 가는 와중에도 잠시 기력을 회복하면 예전의 건강했던 시절처럼 저자에게 재롱을 떨고 즐거워해. 비록 자기가 암에 걸려 몸이 성치 못한 것을 알지만, 그 사실은 현재의 즐거움을 방해하지 못해. 늑대는 현재만이 중요하기에 그 시간 자체를 즐기지. 당장 내일 병으로 죽더라도 지금 행복하다면 행복하게 행동하는 거야.

하지만 인간이라면 어떨까? 아무리 기분이 좋아도 순간일 뿐, 자신이 암에 걸린 사실을 금세 떠올리곤 우울해하는 사람이 대부분이야. 과거에서 시작한 고통이 잠시 멈췄을 때는 행복감을 느끼다가도, 가까운 미래에 죽는다는 것을 상상하는 순간 이내 걱정이 찾아오고 행복은 사라지게 마련이지. 오죽하면 "백 년도 못 살면서 천 년의 근심을 안고 사는 게 인간"이라는 말이 있겠어. 이와 같이 저자는 자신과 교감했던 늑대를 통해, 만물의 영장이라는 허세 때문에 보지 못한 우리 인간의 진실한 모습을 거울처럼 비춰 주고 있어. 민주는 인간이 늑대보다 나은 점이 무엇이라고 생각하니?

자연에서 배운다, 알면 사랑한다

민주야, 혹시 '동물행동학(ethology)'이라고 들어 봤니? 동물행동학은 동물의 본능이나 습성, 일반 행동의 특성이나 의미, 진화 등을 비교·분석하여 연구하는 생물학의 한 분야를 말해. 우리나라의 대표적인 동물행동학자로는 최재천 교수를 첫손에 꼽을 수 있는데, 『인간과 동물』은 그가 〈EBS 세상 보기〉라는 프로그램에서 대중을 위해 강의한 내용을 정리하여 출간한 책이란다.

이 책에는 희귀하고 다양한 동물들의 삶이 흥미롭게 펼쳐져 있어. 『인간과 동물』의 모든 내용은 관심과 애정을 가지고 동물들을 객관적으로 집요하게 관찰한 결과물인 셈이지. 그런데 저자는 동물들을 알아 가면 알아 갈수록 사랑하게 된다고 말해. 그리고 '동물'을 연구하면서 오히려 '인간'을 배워 간다고 이야기하지. 이런 점에서 본다면 이 세상의 모든 동물학자(혹은 식물학자, 생물학자)는 어떤 의미에선 인간을 연구하는 '인간학자'가 아닐까? 이 책의 마지막 페이지에는 이런 문장이 있단다.

> 우리는 다른 동물과 다르지만, 그동안 생각해 온 것처럼 그렇게 많이 다른 것은 아닙니다. 우리도 긴 지구의 역사를 통해서 살아남은 하나의 생물일 뿐입니다. 이 지구가 우리를 탄생시키기 위해서 존재했던 건 절대 아닙니다. 기나긴 진화의 역사 속에서 어쩌다 보니 우리처럼 신기한 동물이 탄생한 것뿐입니다.
>
> — 최재천, 『인간과 동물』에서

미국의 고생물학자인 스티븐 제이 굴드Stephen Jay Gould는 현재의 지구를 한 편의 기록영화로 가정할 때, 이 영화가 마음에 들지 않아 다시 제작한다면 마지막 장면에 현재처럼 인간이 주인공으로 살아남을 확률이 거의 제로에 가깝다고 말했어. 이 말이 무슨 의미일

스티븐 제이 굴드

까? 우리는 어쩌다 우연히 태어난 존재일 뿐 다른 생물에 비해 우위에 있을 필연적인 이유가 없다는 뜻이야. 거대한 우주의 역사 속에서 바라보면 인간도 언젠가 사라질지 모르는 하나의 생명체에 지나지 않아. 그러니 우리가 지구의 다른 생명체에도 관심을 가지고 사랑해 주어야 이들에 대해 많이 알게 되고, 아울러 지구에서 함께 살아가는 지혜도 얻을 수 있을 거라고 최재천 교수는 이야기하지. 책의 마지막 페이지를 덮으며, 선생님은 『인간과 동물』에 붙은 부제, "자연에서 배운다, 알면 사랑한다"의 의미를 한 번 더 되새겨 보았단다. 민주도 이 책을 읽고 자연에 대해, 동물에 대해 더 많이 알고, 더 많이 사랑하게 되길 바란다.

이 책 한번 볼래?

『제인 구달 침팬지와 함께한 50년』

제인 구달 / 궁리

침팬지 연구로 과학계를 뒤흔든 동물학자 제인 구달은 80세가 넘은 지금까지도 왕성하게 활동하여 명실공히 '살아 있는 전설'이 된 인물이야. 이 책에는 침팬지와 함께했던 제인 구달의 삶이 오롯이 담겨 있지. 침팬지가 도구를 사용하고, 의사소통을 하며, 감정을 가지고 있다는 점은 그녀를 통해 처음 세상에 알려지게 되었단다. 그녀의 발견은 영장류에 대한 종래의 지식을 획기적으로 바꿔 놓았지. 이후 제인 구달은 연구소를 세우고, 보금자리를 잃어 가는 침팬지와 야생동물을 위해 활동하는 환경 운동가로 거듭난단다. 이 책에는 제인 구달이 침팬지와 함께했던 수많은 시간이 사진과 함께 기록되어 있어. 진귀하고 생생한 사진들이 가득해서 '읽는' 재미 못지않게, '보는' 재미도 쏠쏠해. 동물을 사랑한다는 것, 동물을 연구한다는 것, 그리고 동물과 함께 산다는 것이 무엇인지를, 이 책 한 권이 명쾌하게 대답해 주고 있단다.

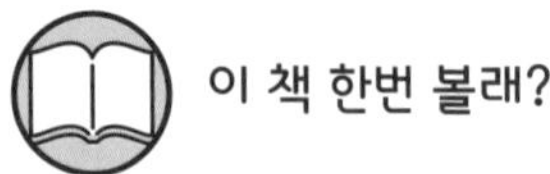

이 책 한번 볼래?

『야생동물 병원 24시』

전북대학교 수의과대학 야생동물의학실 / 책공장더불어

우리나라는 다른 나라에 비해 야생동물이 그리 많지 않다고 해. 그 이유는 모두 인간 때문으로, '개발로 인한 서식지 감소와 밀렵, 밀거래로 인한 개체 수 감소'가 주요 원인으로 꼽히지. 이 책은 인간으로 인해 상처받은 야생동물들을 돌보는 전북대 수의과대학 학생들의 이야기가 담겨 있단다. 수의사를 꿈꾸며 공부하는 이들은 전북야생동물구조관리센터에서 인턴 과정을 하면서 보고 겪은 야생동물 이야기를 담담하면서도 감동적으로 풀어내고 있지. 밀렵꾼의 총에 날개를 맞은 독수리, 덫에 걸려 앞다리를 잃은 수달, 로드킬로 어미를 잃은 고라니 등 수많은 동물 환자가 하루에도 몇 차례씩 야생동물 병원으로 실려와. 수의대 학생들은 한 마리라도 살려서 자연으로 돌려보내려고 애쓰지. 하지만 아픈 동물들이 치료를 받고 완쾌되어 다시 자연으로 돌아갈 확률은 30%밖에 되지 않는다고 해.

이 책에는 생명을 지켜 주는 최후의 보루와도 같은 야생동물 병원의 긴박한 일상이 오롯이 담겨 있어. 인간과 부대끼며 살아가는 야생동물의 슬프고도 아름다운 이야기를 읽으며, 민주도 동물과 인간의 관계에 대해 한 번 더 생각해 보았으면 해.

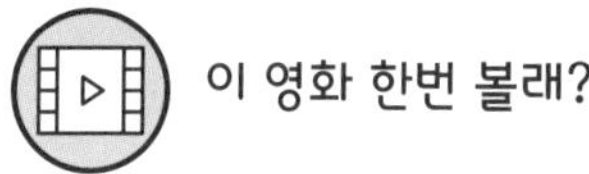

이 영화 한번 볼래?

〈프로젝트 님〉

제임스 마쉬 감독 / 2011년

〈프로젝트 님〉은 2011년에 개봉한 제임스 마쉬 감독의 다큐멘터리 영화야. 1973년 11월, 미국 오클라호마대학의 영장류 연구소에서 아기 침팬지가 태어났어. 허버트 박사는 그에게 '님 침스키'라는 이름을 붙이고, 뉴욕의 한 중산층 가족에 입양을 보내 인간의 아이처럼 기르면서 연구를 하지. 침팬지의 이름인 '님 침스키'는 "언어 능력은 인간에게만 존재한다."라고 주장했던 미국의 언어학자 놈 촘스키Noam Chomsky에 대한 도전의 의미를 담고 있어. 역사상 가장 중요한 유인원 언어 연구로 꼽히는 '프로젝트 님'은 이렇게 시작되었단다.

처음에 '님'은 쉬운 낱말을 배우는 등 놀라운 능력을 보이지만, 곧 야생의 폭력성을 드러내는 바람에 버려지는 신세가 돼. 그는 이후 사람이 아닌 침팬지로서, 우리에 갇힌 채로 이곳저곳을 전전하며 살아가지. 그럼에도 불구하고 '님'은 인간을 친구라 생각하고, 사람들에게 자신의 진심을 보이려 노력해. 하지만 오히려 인간은 침팬지라는 이유로 '님'의 진심을 짓밟지. 침팬지 '님 침스키'의 이야기는 인간과 동물의 경계가 과연 유효한 것인지 묻는, 참으로 무겁고도 불편한 영화란다.

이런 책은 어때?

☞ 난이도

★ 하
★★★ 중
★★★★★ 상

● 아프고 다친 동물들을 보살피는 열정적인 수의사의 진료 일기를 통해, 동물과 함께하는 직업의 애환을 느끼고 싶은 이들에게

박대곤의 『유쾌한 수의사의 동물병원 24시』(부키) ★★
최종욱의 『동물원에서 프렌치 키스하기』(반비) ★★

● 동물학자들이 각자의 영역에서 이룬 학문적 업적, 동물 연구에 바친 헌신적인 삶을 들여다보고 싶은 이들에게

사이 몽고메리의 『템플 그랜든』(작은길) ★★
집 오타비아니의 『유인원을 사랑한 세 여자』(서해문집) ★★★
김산하의 『비숲』(사이언스북스) ★★★

● 동물들의 생태를 살펴보며 인문학적 성찰을 하고 싶은 이들에게

최재천의 『생명이 있는 것은 다 아름답다』(효형출판) ★★★
앤 이니스 대그의 『동물에게 배우는 노년의 삶』(시대의창) ★★★

● 인간의 욕망에서 탄생한 동물원의 역사 및 그 현황을 살펴보고 싶은 이들에게

최혁준의 『고등학생의 국내 동물원 평가 보고서』(책공장더불어) ★★
로브 레이들로의 『동물원 동물은 행복할까?』(책공장더불어) ★★★
나디아 허의 『동물원 기행』(어크로스) ★★★

● 유기 동물, 동물 학대 등의 현실을 돌아보며 동물과 '함께 살아간다는 것'에 대해 고민하고 싶은 이들에게

오오타 야스스케의 『후쿠시마에 남겨진 동물들』(책공장더불어) ★
박종무의 『살아 있는 것들의 눈빛은 아름답다』(리수) ★★
박하재홍의 『우리가 알아야 할 동물 복지의 모든 것』(슬로비) ★★
박병상의 『탐욕의 울타리』(이상북스) ★★★

스왓(SWOT) 분석

선생님이 네가 꿈꾸는 너의 미래를 일목요연하게 정리해 봤어.
선생님이 해 준 이야기를 참고해서 너에게 꼭 맞는
자신만의 꿈을 설계해 보렴.

S Strength 강점

- 동물과의 교감을 통해 색다른 보람과 만족감을 느낄 수 있음.
- 생명의 존엄함을 지킨다는 자부심을 느낄 수 있음.

W Weakness 약점

- 경제적 보상을 기대하기보다 '생명 존중'이라는 사명감을 가지고 치열하게 일해야 하는 직업군임.
- 여러 종의 동물을 동시에 돌봐야 하기에 전문성을 갖추는 데 어려움이 따름.

O Opportunity 기회

- 인구 감소와 맞물려 1인 가구가 증가함에 따라 반려동물에 대한 관심과 수요 증대.
- 동물 보호 및 동물 복지에 관한 논의가 확대되고 있음.

T Threat 위협

- 물질 만능주의에서 비롯된 생명 경시 풍조가 현대사회에 만연함.
- 국내에서 수의사가 과잉 배출돼 수의사 간 경쟁이 치열해짐.

관련 직업

농업 연구원, 축산업자, 원예업자

농업이 비전 없다고? 미래의 먹거리를 책임지는 유망 산업이야!

: '농부'를 꿈꾸는 친구들에게

▸▸ 핵심 도서

『살아 있는 지리 교과서 2』 전국지리교사연합회 / 휴머니스트

『종자, 세계를 지배하다』 KBS스페셜 제작팀 / 시대의창

『침묵의 봄』 레이첼 카슨 / 에코리브르

선생님, 안녕하세요? 선형이에요. 저희 아버지는 평생 농사를 지으며 살아온 분인데, 요즘 우리 농산물이 수입 농산물에 밀려서 홀대를 받고 있는 것 같다며 한숨지으실 때가 많아요. 곁에서 아버지를 지켜보면 가슴이 아프기도 하지만, 소비자들이 상대적으로 가격이 저렴한 수입 농산물을 찾는 것을 탓할 수만은 없어 보여요. '비싸도 국산 농산물을 사야지.'라고 여기던 사람들은 점점 줄어드니, 이제는 무턱대고 국산 농산물을 애용하라고 강요할 수도 없고요.
'우리 농산물이 경쟁력을 갖게 하려면 어떻게 해야 할까? 다른 나라에서도 부러워할 만한 농산물 품종을 개발하는 것은 어떨까?' 이런저런 생각을 하다 보니, 장래 희망으로 '농업'과 관련된 일을 하고 싶다는 생각이 들더라고요. 직접 농사를 짓는 것도 좋지만, 꼭 농부가 아니더라도 미래의 먹거리에 대해 연구할 수 있는 직업에도 관심이 생겼어요. 선생님, 꿈을 이루기 위해 제가 무엇을 좀 더 알아 두면 좋을까요?

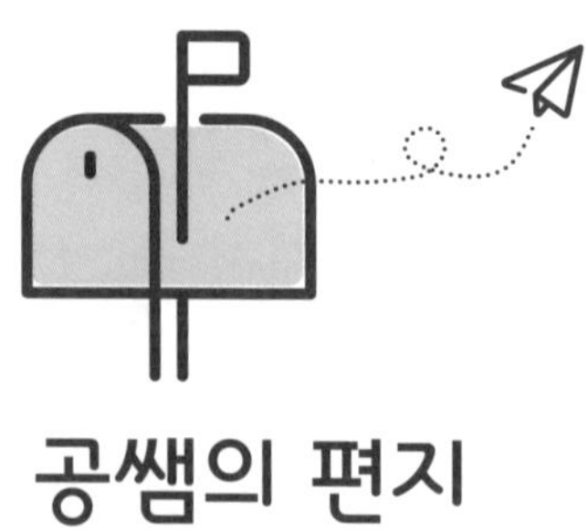

공쌤의 편지

안전하고 건강한 로컬 푸드

농업과 관련된 일을 하겠다는 선형이의 말을 들으니 선생님이 얼마나 기쁜지 모르겠다. 누구라도 반드시 해야 하는 일이 농사지만, 요즘은 그 누구도 안 하려고 하는 게 바로 농사지. 농업과 관련된 직업은 육체적으로 고된 노동을 요구할 뿐만 아니라 우리 사회에서 농업인에 대한 인식도 그리 좋은 편이 아니기 때문에, 선형이 또래의 아이들이 장래 희망으로 농업 관련 직종을 기피하는 것이 어쩌면 당연한 일이 아닐까 싶어. 그런데 선형이가 사명감을 가지고 농업과 관련 있는 일을 하겠다고 선뜻 나서는 것을 보니 정말 기특하구나. 네가 혹시 미래를 엿보는 혜안이 있는 건 아닌지 모르겠다.

요즘 아이들은 첨단 정보 기술 분야의 일을 미래의 유망 직업으로 생각하는 경향이 있지만, 농업이야말로 미래의 국가 경쟁력을 좌지우지할 중요한 직업이라는 것을 알았으면 한다. 왜 그러냐고? 기하급수적으로 늘어나는 인구, 기후변화 등으로 농업에 대한 중요성이 점차 부각되고 있거든. 농산물은 국민의 건강과 직결되는 문제이기도 하고 말이야.

신토불이(身土不二)라는 말 들어 봤지? 자기가 사는 지역에서 생산되는 농산물을 먹는 게 몸에 좋다는 것인데, 이는 서양의 '로컬 푸드(local food)'라는 용어와 맥을 같이하고 있어. 지역 농산물을 뜻하는 로컬 푸드는 종종 '푸드 마일리지(food mileage)'라는 개념과 함께 쓰이는데, 직역하면 음식의 이동 거리겠지. 푸드 마일리지 수치가 크면 음식의 재료가 되는 농산물이 원산지에서 멀리 떨어진 곳까지 운송되었음을 의미해.

농산물이 먼 거리를 이동했다면, 신선도가 떨어지고 유통 비용도 증가하겠지. 또 농산물을 이동시키는 교통수단에 의해 이산화탄소도 많이 발생하여 환경에도 악영향을 끼치겠고 말이야. 그래서 세계 각국은 자국에서 소비되는 식료품의 경우 푸드 마일리지를 최소화하려고 노력하고 있어. 이것은 다시 '로컬 푸드'의 중요성으로 귀결돼. 즉 지역 내에서 농민들이 생산한 먹거리로 밥상을 차려 먹자는 거야. 소비자는 신선한 먹거리를 먹어서 좋고, 지역 농업에도 크게 보탬이 된다는 거지. 그리고 중요한 파급 효과가 또 하나 있어. '로컬 푸드'의 정착은 결국 한 국가의 식량 자급 문제에도 크게 기여하거든.

식량 주권을 지키는 것이 우리를 지키는 것

이 문제에 대해서 알기 쉽게 다룬 책이 바로 『살아 있는 지리 교과서 2』야. 이 책에 의하면 2010년 기준으로 우리나라의 곡물 자급률이 약 26%라고 하는데, 시간이 지날수록 이 수치는 더 떨어질 것으로 예상되고 있어. 바꿔 말해 우리가 필요로 하는 곡물의 74% 이상을 수입에 의존하고 있다는 건데, 이것은 값싼 외국 농산물의 경쟁력에 밀려 우리가 곡물 재배를 포기한 결과야. 이러다가 식량 자급률이 점점 더 떨어져서 식량의 절대량을 수입에만 의존한다고 생각해 봐. 어떤 일이 일어나겠어? 만약에 세계적으로 곡식이 모자라거나, 어떤 이유를 들어 다른 나라에서 우리나라에 식량을 팔지 않는다면 어떻게 될까? 돈이 아무리 많아도 식량을 구하기 힘든 때가 올 수도 있다는 의미지. 이때는 식량이 핵무기보다 더 무서운 무기가 될 수도 있는 거야.

공산품은 가격이 두 배 오르면, 공장을 더 가동해 상품을 두 배 더 많이 생산하면 돼. 하지만 곡물은 얘기가 달라. 곡물이 부족해 가격이 두 배가 된다고 해서, 수확량을 금세 두 배로 늘릴 수는 없어. 그래서 곡물 가격이 한번 상승하기 시작하면, 세계적인 재앙으로 이어질 수 있는 거야.

2008년 식량값 폭등에 항의하는 이집트의 대규모 시위

실제로 '애그플레이션(agflation)'이라는 말이 있을 정도로 곡물 가격이 전체 물가에 미치는 영향은 크단다. 기후변화로 곡물 공급량이 감소하고, 중국이나 인도와 같은 인구 대국들이 잘살게 되면서 식료품 소비가 폭발적으로 느는 바람에, 현재 전 세계적으로 애그플레이션이 빈번히 발생하고 있어. 앞으로도 곡물 가격을 들썩이게 하는 여러 요인이 변하지 않는 한 더 심각한 애그플레이션을 예상해 볼 수 있지. 게다가 지속적인 애그플레이션은 '식량 위기'를 불러올 수 있어. 식량이 모자라 먹거리가 부족해지는 게 식량 위기냐고? 아니, 그 이상의 문제가 발생할 수 있단다. 식량 가격이 상승하고 식량 수급이 불안정해지면 사회가 불안해지고 식량을 둘러싼

사회적·국가적 갈등이 유발될 수 있거든. 폭동이나 전쟁까지 일어날 수 있다는 얘기야. 실제로 필리핀, 이집트 등에서 최근에 식량을 둘러싼 폭동에 가까운 갈등이 발생했단다. 이 책을 읽으면서 식량의 중요성과 농업의 역할을 선형이가 실감해 봤으면 해.

무기 없는 전쟁, '씨앗 전쟁'

자, 이제는 '씨앗' 이야기를 해 볼까 해. 21세기는 농업 생산의 중요한 기반인 '씨앗'의 공급력을 확보한 국가나 기업이 강력한 지배력을 갖게 될 것으로 예상하는 전문가가 많아. 우리 옛말에 "농사꾼은 굶어 죽어도 그 종자를 베고 잔다."라는 것이 있어. 농부는 죽는 한이 있더라도 미래를 위해 종자만은 꼭 보관한다는 뜻이야. 그만큼 농부에게 '씨앗'은 목숨과도 맞바꿀 만큼 중요한 가치를 가진 것이지.

혹시 '씨앗 전쟁'이라는 말을 들어 본 적이 있니? '종자 전쟁'이라고도 하는데, 종자(씨앗)에도 지적재산권이 존재하기 때문에 각 나라에서 미래의 식량 권력을 차지하기 위해 종자에 관한 권리를 최대한 많이 확보하려 애쓰고 있는 현실을 비유한 말이야. 마치 국운이 걸린 전쟁을 치르듯 각국이 기존 씨앗의 권리를 사들이고, 새로운 품종을 만들기도 해. 많은 나라에서 자국의 고유 품종이 다른 나라로 빠져나가는 것을 법을 만들어서라도 금지하는가 하면, 글로벌 씨앗 회사들은 막대한 자금을 투자하여 돈이 될 만한 씨앗을 수

집해 보존하고, 유전자 정보를 이용한 신품종 개발에 박차를 가하고 있어. 미래 사회에는 씨앗을 둘러싼 국제적인 경쟁이 더욱 치열해질 전망이야.

하지만 우리나라는 '씨앗 전쟁'에서 이미 뒤처지고 있는 분위기야. 예를 들어 1980년대 개발되어 국내 매운 고추의 대표로 자리잡은 청양고추의 경우를 볼까? 당연히 우리나라의 종자라고 생각하겠지만 애석하게도 청양고추 종자에 대한 권리는 미국 '몬산토'라는 거대 기업에 있어. 외환 위기 직후인 1998년 청양고추를 개발한 우리나라의 '중앙종묘'라는 회사가 멕시코의 종자 회사에 넘어갔는데, 이를 다시 몬산토가 인수했거든. 이 사실이 무엇을 의미하냐고? 몬산토가 우리에게 씨앗을 팔지 않는다면 이 땅에서 청양고추를 재배할 수 없다는 말이야. 지금도 농부들은 청양고추를 심으면 '몬산토'라는 회사에 특허료를 지불해. 어때, 이제 '씨앗 전쟁'이 왜 중요한지 감이 와?

그런데 더 심각한 일이 벌어지고 있어. 『종자, 세계를 지배하다』라는 책을 보면, 외국 거대 종묘 회사들이 얼마나 교묘하게 씨앗을 돈벌이에 활용하는지 엿볼 수 있어. 바로 거대 씨앗 회사들이 유전자재조합 작물(GMO)을 다루기 시작했다는 점이야. 이들은 종자 특허권을 보호한다는 명분으로 '불임 종자'를 개발하기도 했어. 자사가 판매한 씨앗이 수확을 마치면 싹을 틔우는 기능이 자동으로 파괴되도록 유전적 처리를 한 거야. 더 이상 '종자'로서 기능하지 못하게 조작한 거지. 그래서 농가는 씨앗을 심을 때마다 로열티를 내고 새로운 종자를 계속해서 구입해야 하는 거지. 게다가 거대 씨앗 회사들은 씨앗과 농약을 패키지로 판매하는 꼼수까지 부리고 있는데, 자사 씨앗에 집중적으로 효능을 발휘하도록 맞춤형으로 제조한 농약이다 보니 농민들이 울며 겨자 먹기로 구매를 할 수밖에 없는 상황이란다. 이러다 보니 농민들은 제초제와 살충제 사용량을 늘릴 수밖에 없게 되고, 이것은 결국 씨앗 회사의 배만 불리는 결과를 낳았지.

이 책에 등장하는 인도의 어느 환경 운동가는 이렇게 말해. "종자가 기업의 손아귀에서 통제된다면 종자는 사라지고, 인류 역시 사라지고 말 것이다." 이 말의 뜻을 잘 새겨 보면 씨앗을 지키는 일이 얼마나 중요한지 다시 한 번 실감할 수 있을 거야.

유기농의 꿈, 농약의 유혹

레이첼 카슨

선형아, '유기농'이라는 말 들어 봤지? 화학비료나 농약을 쓰지 않고 자연적으로 만들어진 퇴비 등을 이용하는 농업 방식을 말하는데, 아마도 농사를 짓는 사람치고 유기농을 꿈꾸어 보지 않은 사람은 없을 거야. 안전한 먹거리를 찾는 소비자가 늘면서 유기농에 대한 선호가 높아졌으니까 말이야.

그런데 앞서 이야기했다시피 농약 사용량이 늘어났으면 늘어났지, 줄어들 수 없는 것이 현실이야. 화학비료나 살충제, 제초제를 안 쓰고 농사를 지으면 생산량이 크게 줄어들기에, 농부로서 농약이나 화학비료의 유혹을 떨치기란 여간 어려운 일이 아니거든. 그런 제품을 전혀 사용하지 않는다는 것은 한 해 농사를 통째로 망쳐 버리는 위험을 감수하는 일이기 때문에, 살충제나 제초제 같은 농약은 현대 농업에서 없어서는 안 될 필수품처럼 되어 버렸지.

그런데 과연 해충에 치명적인 농약은 농사에 방해가 되는 벌레만 죽이고, 사람에게는 전혀 해를 끼치지 않는다고 장담할 수 있을까? 미국의 해양생물학자 레이첼 카슨Rachel Carson은 『침묵의 봄』에서 무분별한 살충제 사용으로 파괴되는 야생 생태계의 모습을 적

나라하게 공개하여 사회적으로 큰 반향을 일으켰어. 『침묵의 봄』은 제초제와 살충제가 생태계를 어떻게 오염시키고, 인류에게 어떤 치명적인 부메랑이 되어 돌아오는지를 생생하게 보고한 책이야.

이 책은 한 편의 잔혹한 이야기로 시작해. 한때 아름다웠던 어떤 마을이 점차 생명력을 잃어 가다가 봄이 되어도 꽃이 피지 않고, 새소리도 들리지 않는 죽음의 공간으로 바뀌었대. 저자는 이런 마을이 실제로 존재하지는 않지만, 세계 곳곳에서 이 같은 현상을 쉽게 찾아볼 수 있다고 하지. 그리고 비극은 디디티(DDT)와 같은 농약 탓이라고 지적해. 그는 이 책에서 독성 화학물질로 말미암아 새, 물고기, 야생동물, 인간 등이 맞게 된 참혹한 결과를 4년여의 직접 조사를 통해 고발하고 있어. 농약 속의 독성 화학물질은 먹이사슬을 따라 위로 올라갈수록 점점 많이 농축된다고 해. 그러니 먹이사슬의 정점에 있는 인간의 몸속에 화학물질이 쌓이는 걸 피할 수 없는 거야. 해충을 없애기 위해 사용한 농약이 결국은 인간의 생명을 위협할 지경에 이른 것이지. 하지만 안타깝게도 카슨의 이러한 경고에도 불구하고 아직도 많은 국가에서 여전히 독성 화학물질이 포함된 농약을 농사에 활용하고 있는 실정이야. 선형이는 농업에 관심이 있으니 이런 화학물질에 어떻게 대처해야 할지 한 번쯤은 생각해 봐야 할 거야.

이 책 한번 볼래?

『꽃을 읽다』

스티븐 부크먼 / 반니

아마도 아름다운 꽃을 싫어하는 사람은 없겠지? 꽃은 생태학적으로는 번식을 위한 수단에 불과하지만, 인간에게만은 그 이상의 중요한 의미와 가치를 지녔기에 오랫동안 귀한 대접을 받고 있어. 그래서 꽃을 재배하고 가꾼다는 것은 식량으로서의 곡식을 재배하는 것과는 구별되는 일이지. 꽃과 인류가 맺어 온 관계가 궁금하다면 『꽃을 읽다』를 살펴보는 것은 어떨까? 이 책은 곤충학자가 쓴 '꽃의 모든 것'이야. 꽃을 다루는 직업, 이른바 '원예업'에 종사하려는 사람이라면 마땅히 알아야 할 '꽃'에 대한 다양한 지식과 교양을 만나 볼 수 있지. 역사 속의 꽃, 일상 속의 꽃, 미술과 신화 속의 꽃 등 꽃에 대한 인문학적 지식에서부터 과학과 의료에 활용되는 꽃, 맛과 향기로 사람을 유혹하는 꽃에 대한 이야기까지, 꽃을 키워드로 한 지식들이 무척이나 흥미롭더구나. 늘 눈으로만 즐기던 꽃을 '글'로 즐길 수 있는 책이란다.

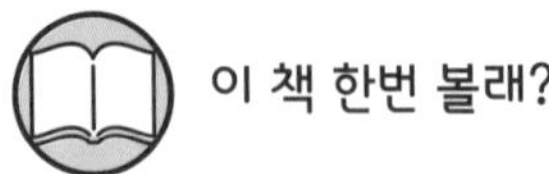

이 책 한번 볼래?

『세상을 담은 밥 한 그릇』

김은진 외 6인 / 궁리

우리가 먹는 '밥 한 그릇'을 다양한 각도에서 들여다본 책이란다. 밥의 역사를 들여다보기도 하고, 한국인들의 먹거리가 처한 현실을 살펴보는가 하면, 문학작품에 등장하는 밥 이야기를 되짚어 보기도 하고, 밥에 관한 철학적 성찰을 하기도 한단다. 밥으로 대표되는 우리 먹거리의 면면을 역사, 문화, 정치, 경제 등 여러 각도에서 성찰하고 있는 아주 흥미로운 책이라는 생각이 드는구나.

그중에서도 선형이가 한번 되새겨 보았으면 하는 내용은 소중한 우리 먹거리가 갖가지 위험에 처해 있다는 사실이야. 날이 갈수록 수입 농산물은 늘어나고, 농사지을 땅은 줄어들고, 환경은 점점 악화되고 있어. 이럴 때 우리는 무엇을 해야 할까? 이 책에서는 우리만의 농업을 굳건히 지켜야 한다고 말해. 언제까지 외국의 농산물에 의존할 수는 없는 것 아니겠어? 한민족이라는 공동체가 유지되기 위해서는 구성원 모두가 안전하게 먹을 식량이 지속적으로 제공되어야 하니까 말이야. 무엇보다도 선생님이 선형이에게 바라는 것은 밥, 그리고 이 세상 모든 먹거리가 세상과 어떻게 연계되어 있는지 이 책으로 배우고 느끼는 것이란다.

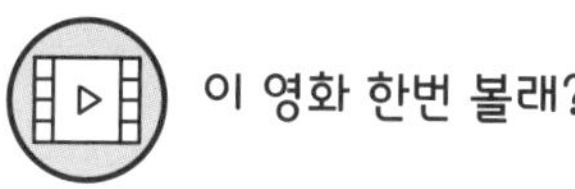

〈트럭 농장〉

이언 체니 감독 / 2010년

〈트럭 농장〉은 다큐멘터리 영화로 바른 먹거리에 대한 의미 있는 관점을 제시한다는 점에서 살펴볼 만하단다. 뉴욕 브루클린에 사는 청년이 트럭의 짐칸을 개조해 채소를 키우기 시작해. 트럭은 케일, 토마토, 고추, 적상추, 브로콜리 등이 자라는 아담한 텃밭으로 탈바꿈하지. 첨단 도시 뉴욕의 한복판에 채소를 기를 수 있는 농장이 만들어진 거야! 이 트럭을 몰고 뉴욕을 횡단하는 청년은 옥상과 소형 선박, 오래된 야구 경기장 등에 마련된 도시 농장을 찾아가, 도시 농업의 가능성을 탐구한단다.

청년은 자신이 키우는 채소를 배달하고, 사람들과 먹거리에 대한 이야기를 나누기도 해. 그가 배달하는 채소 한 봉지는 20달러야. 소비자는 필요한 만큼 트럭에서 채소를 직접 수확할 수 있지. 청년은 뉴욕의 슈퍼마켓에서 파는 채소는 어디서부터 왔는지 알 수 없어 꺼림칙하지만, 트럭에서 길러진 신선한 채소는 손님의 손에 닿기 직전까지 흙에 뿌리를 내리고 있으니 안심할 수 있다고 말해. '푸드 마일리지'가 최소화되는 것이 소비자에게 얼마나 유익하고 싱싱한 먹거리를 제공할 수 있는지 단적으로 보여 주는 작품이란다.

이런 책은 어때?

☞ 난이도
★ 하
★★★ 중
★★★★★ 상

● 전 지구적인 식량문제에 대해 깊이 고민해 보고 싶은 이들에게

구정은 외 4인의 『지구의 밥상』(글항아리) ★★★
빌프리트 봄머트의 『식량은 왜! 사라지는가』(알마) ★★★★
마이클 캐롤런의 『값싼 음식의 실제 가격』(열린책들) ★★★★
피터 싱어 · 짐 메이슨의 『죽음의 밥상』(산책자) ★★★★

● 세계의 농민들에게 새로운 농업 질서를 강요하는 거대 기업의 영향력을 비판적으로 따져 보고 싶은 이들에게

브루스터 닌의 『누가 우리의 밥상을 지배하는가』(시대의창) ★★★★
마리-모니크 로뱅의 『몬산토』(이레) ★★★★

● 땅을 일구며 작물을 기르는 농부의 경험과 삶의 철학이 궁금한 이들에게

이완주 외 2인의 『열네 살 농부 되어 보기』(들녘) ★★
김성희의 『살리는 사람 농부』(한살림) ★★★
히사마쓰 다쓰오의 『작고 강한 농업』(눌와) ★★★
기무라 아키노리 · 이시카와 다쿠지의 『흙의 학교』(목수책방) ★★★

● 축산업의 현재를 돌아보고 싶은 이들에게

김재민의 『닭고기가 식탁에 오르기까지』(시대의창) ★★★
조너선 사프란 포어의 『동물을 먹는다는 것에 대하여』(민음사) ★★★★★

● 농업의 활로를 모색하는 데 힌트를 얻고 싶은 이들에게

강양구 · 강이현의 『밥상 혁명』(살림터) ★★★
제니퍼 코크럴킹의 『푸드 앤 더 시티』(삼천리) ★★★★

스왓(SWOT) 분석

선생님이 네가 꿈꾸는 너의 미래를 일목요연하게 정리해 봤어.
선생님이 해 준 이야기를 참고해서 너에게 꼭 맞는
자신만의 꿈을 설계해 보렴.

S Strength 강점

- 인간 생활에 가장 필수적이고 기본적인 역할을 하는 직종.
- 유전공학 등의 발달에 따른 농업기술 발달에 대한 기대감.
- 미래 사회 경쟁력이 농업 경쟁력에 달렸음.

W Weakness 약점

- 고된 육체적 노동이 뒤따르고 경제적 보상이 높지 않은 현실.
- 우리 사회에서 미래의 농업 경쟁력이 얼마나 중요한지에 대한 인식 부족.

O Opportunity 기회

- '로컬 푸드'의 중요성이 대두됨에 따라 자국 농작물에 대한 관심이 제고됨.
- 질 좋은 먹거리에 대한 대중의 욕구 증가.
- 농업을 기반으로 하는 새로운 산업 창출 기대.

T Threat 위협

- 다국적 거대 종자 회사의 득세로 인해 종자 경쟁력을 선점당한 현실.
- 패스트푸드의 폭발적 증가와 대중화.

관련 직업

영양사, 푸드스타일리스트

인간은 살기 위해 먹지만 때때로 먹기 위해 살기도 한다

: '요리사'를 꿈꾸는 친구들에게

▸▸ **핵심 도서**

『물질문명과 자본주의』 **페르낭 브로델 / 까치**

『육식의 종말』 **제러미 리프킨 / 시공사**

『왜 세계의 절반은 굶주리는가?』 **장 지글러 / 갈라파고스**

선생님, 안녕하세요? 연희예요. 방송 프로그램에서 '맛집'을 소개하는 코너를 시청하다 보면, 사람들이 먹는 것에 정말 관심이 많다는 걸 깨닫게 돼요. 특히나 요즘엔 유명 셰프가 예능 프로그램에도 자주 출연하는데, 요리 관련 프로그램의 인기가 나날이 커지고 있다는 게 새삼 느껴지더라고요.

'인간은 먹기 위해 산다'는 말도 있던데, 먹거리에 대한 관심은 시대를 불문하고 이어지는 것 같아요. 이렇게 대중이 음식에 큰 관심을 가지니, 관련 직종에 종사하는 사람들의 주가도 함께 올라가는 것이겠죠?

저는 어려서부터 요리하는 걸 좋아해서 음식이나 요리 관련 프로그램을 관심 있게 챙겨 보고 있습니다. 나중에 커서 맛있는 음식을 만드는, 유명한 요리사가 되려고 준비 중이거든요.

지금도 제가 만든 요리를 사람들이 맛있게 먹는 모습을 보면 큰 보람을 느껴요. 선생님, 요리사는 음식을 '맛있게'만 잘 만들면 성공할 수 있는 걸까요?

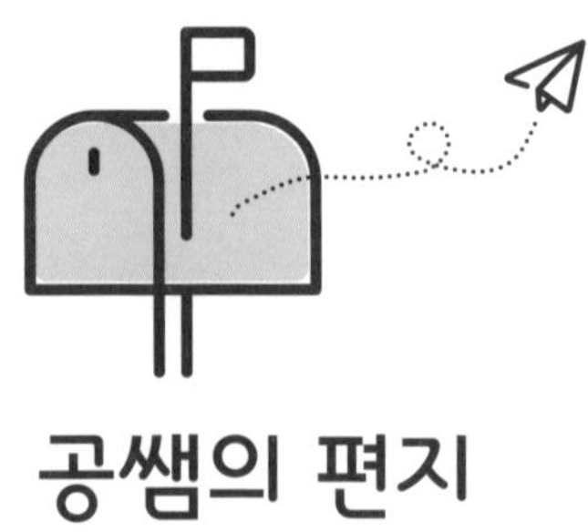

공쌤의 편지

음식을 둘러싼 불편한 진실

연희가 요리에 그렇게 관심이 많았다니 뜻밖인데? 연희도 알다시피 '먹는다'는 행위는 인간의 가장 기본적인 욕구의 표현이잖니. 그런데 인간의 먹는 행위는, 다른 동물의 먹는 행위와는 차이점이 있단다. 바로 인간은 배가 불러도 먹는다는 점이야. 다른 동물은 생존을 위해 먹기 때문에 배가 부르면 더 이상 먹지 않지만, 인간은 배가 고프지 않아도 먹을 것을 찾는 일이 잦지? 심지어 역사상 어떤 인간들은 먹은 것을 일부러 토하고 다시 먹었다는 기록도 있으니 말 다했지. 인간의 먹는 행위에는 뭔가 다른 목적이 있는 듯해. 그렇다면 단순히 배를 채우려는 것 말고, 먹는다는 행위의 다른 목적이 무엇일까? 연희가 요리만 맛있게 만들면 성공할 수 있지 않느

냐고 물었는데, 음식을 인문학적·사회학적인 안목으로 새롭게 들여다보면 꼭 그렇지만은 않다는 것을 알 수 있단다.

제일 먼저, 연희에게 음식에 대해 진지하게 생각해 볼 수 있는 질문을 하나 던질게. 우리가 '요리'라고 이름 붙인 음식들을 과연 옛날 사람들은 어느 정도 즐겼을까? 가령 탕수육이라든지, 갈비탕, 비빔밥, 그리고 스테이크, 샐러드, 뭐 이런 것들 말이야. 그때도 지금처럼 요리에 대한 관심이 뜨거웠을까?

연희도 알다시피 옛날에는 먹을 게 없어서 굶기를 밥 먹듯이 했다고 하잖아. 가만히 생각해 보면 옛사람들에게 지금과 같은 뻑적지근한 요리는 언감생심이었을 거야. 그치? 아마도 일부 상류층만을 위한 요리가 존재했겠지. 이런 불편한 진실이 비단 옛사람들에게만 해당하지는 않아. 요즘도 끼니를 이어 가지 못해 기아에 허덕이는 사람이 있거든. 그런 사람들 앞에서 '맛'이 있는 요리를 논하는 것이 과연 의미가 있을까?

다음은 황지우 시인의 「거룩한 식사」라는 시인데, 이 작품을 읽으면 '식사'를 할 수 있다는 것 자체가 참 '거룩한' 일이라는 생각을 하게 돼. '라면'을 먹든, '국밥'을 먹든, '찬밥'을 먹든, '나 혼자' 먹는 밥이든, "동생과 눈 흘기며" 먹는 밥이든, 그 모든 '식사'에는 '더운 목숨'이 붙어 있어. 다시 말해 '식사'를 통해 힘든 세상을 살아가는 또 다른 힘을 얻는 거지. 그래서 모든 이의 '식사'는 음식의 맛과 질에 상관없이 모두 '거룩한' 것이 아닐까?

나이 든 남자가 혼자 밥 먹을 때
울컥, 하고 올라오는 것이 있다
큰 덩치로 분식집 메뉴표를 가리고서
등 돌리고 라면발을 건져 올리고 있는 그에게,
양푼의 식은 밥을 놓고 동생과 눈 흘기며 순갈 싸움하던
그 어린것이 올라와, 갑자기 목메게 한 것이다

몸에 한세상 떠 넣어 주는
먹는 일의 거룩함이여
이 세상 모든 찬밥에 붙은 더운 목숨이여

이 세상에서 혼자 밥 먹는 자들
풀어진 뒷머리를 보라
파고다 공원 뒤편 순댓집에서
국밥을 숟가락 가득 떠 넣으시는 노인의, 쩍 벌린 입이
나는 어찌 이리 눈물겨운가

황지우 「거룩한 식사」

(『어느 날 나는 흐린 酒店에 앉아 있을 거다』, 문학과지성사, 1998년)

맛이 없어도 사람들이 찾는 음식은?

연희야, 아직도 너는 사람들이 맛을 기준으로 음식을 소비한다고 생각하니? 프랑스의 역사학자 페르낭 브로델Fernand Braudel이 쓴 『물질문명과 자본주의』라는 책을 보면 꼭 그렇지만은 않다는 걸 알 수 있어. 이 책은 일종의 역사서인데, 내용이 좀 특이해. 다른 역사가들이 정치적·외교적 사건들을 강조하는 데 비해, 브로델은 그러한 굵직한 사건들의 밑바탕을 이루는 기후, 지리, 인구, 음식, 교통 등에 더 주의를 기울였거든. 특히 이 책의 1권에서는 일상생활의 사소한 부분까지 간과하지 않고, 먹고, 입고, 자는 기본 생활양식을 심층적으로 탐색했지. 이때 그는 '음식'이 문화와 역사에 어떤 영향을 미쳤는지를 파악하려면 상류층에서 어떤 음식이 유행했는지를

먼저 살펴야 한다고 했어.

상류층에서 '사치'를 위해 사용된 음식들이 대다수 대중이 선망하는 음식이 되었고, 그것을 쟁취하기 위해 사람들이 애썼다고 브로델은 분석하고 있어. 이때 쓰인 '사치'라는 말은 '희귀함, 허영, 비싼 것'이라는 의미만이 아니라, '성공, 사회적 매력, 서민들의 이상'과 같은 상징적인 의미를 내포한 단어야. 역사의 어느 지점에서든 서민들이 감히 입에 넣을 수 없었던 음식들이 있었겠지? 그런데 시간이 흘러 오랫동안 사람들이 먹고 싶어 하던 귀한 음식이 마침내 일반 대중에게까지 도달했을 때 마치 억눌렸던 식욕이 폭발하듯 갑자기 그 소비량이 폭증한다고 해. 하지만 그렇게 갑자기 소비량이 늘어나서 상류층에서 서민층으로 대중화된 음식은 이내 사람들에게서 매력을 잃게 되지.

그런 음식이 역사적으로 어떤 것이 있었냐 하면 16세기 이전에는 '설탕'이 그랬고, 17세 이전까지는 '후추'가 그랬지. 음식을 통한 사치는 다른 것으로 쉽게 메울 수 없는 사회적 수준의 차이를 반영하는데, 이 수준 차이는 매번 변동이 있을 때마다 새로이 생겨나는 것이라는 브로델의 말은 한번 음미해 볼 만해. 왜냐하면 이 말에는 우리가 상식적으로 생각하는 음식의 가치는 절대로 '맛' 그 자체가 아니라, 일종의 '상징'이 가미되어 결정된다는 의미가 담겨 있으니까 말이야.

우리나라로 이야기를 좀 돌려 볼까? 1960~1970년대 산업화

시대만 하더라도 '소고기'는 그야말로 사치스러운 음식의 하나였어. 명절이나 되어야 겨우 맛볼 수 있었지, 일부 상류층을 제외하고 일상에서 소고기를 배부르게 먹는 일은 정말 흔치 않았거든. 그런데 오늘날에 와서 소고기는 그야말로 폭발적인 소비량을 보이고 있어. 특히 경제가 발전하면서 대중이 지닌 소고기의 구매력이 높아져 경제적으로 큰 부담 없이 소고기를 일상적으로 소비하잖아. 1960~1970년대 소고기를 사치스럽게 즐기던 상류층에서도 소고기를 그 옛날처럼 즐겨 먹을까? 모르긴 몰라도 대중화된 소고기를 뒤로하고 또 다른 '사치 먹거리'를 소비하고 있진 않을까?

소고기, 이제는 종말을 고할 때

자, 이번에는 앞에서 예로 들었던 소고기로 화제를 살짝 틀어볼게. 연희도 소고기 좋아하지? 요즘엔 동서양을 막론하고 많은 사람이 소고기를 즐기고 있어. 특히 최근에는 인구 대국인 중국의 경제가 발전하면서 중국인들의 소고기 소비가 크게 늘었지. 이는 세계적으로 소고기 소비량을 늘리는 데 지대한 영향을 미쳤단다.

이런 상황에서 미국의 경제학자이자 문명 비판가인 제러미 리프킨Jeremy Rifkin은 『육식의 종말』을 통해, 이제는 소고기로 대표되는 인류의 '육식' 위주의 식생활에 '종말'을 고하자는 제안을 하고 있어. 소고기 소비량이 증가하면서 소 사육도 늘었는데, 이런 상황이 지구환경에 큰 위협이 되고 있는 게 그 이유지.

지구환경 위기를 둘러싼 온갖 공적 논쟁들은 지금도 계속되고 있다. 그러나 현대의 가장 파괴적인 환경 위협 중 하나인 소의 사육 문제는 신기하게도 거의 언급되지 않는다. 전 세계 온대 지역의 토양 부식은 상당 부분 길들여진 소가 그 원인이다. 소의 사육은 지금 전 대륙에서 진행 중인 사막화 확산의 주범이며, 남아 있는 지구 열대우림의 파괴에도 상당 부분 책임이 있다. 소 사육은 지구 표면의 담수를 고갈시키는 직접적인 원인이다. … 또한 소들은 유기체 오염의 주요 원인인데, 소들의 배설물은 전 세계의 호수, 강, 개울 들을 오염시키고 있다. 소의 증가는 자연 생태계의 부양 능력을 압박하면서 전례 없이 야생의 모든 종들을 멸종의 위기로 내몰고 있다. 소들은 지구온난화를 촉진하는 주요 원인이며, 최근에는 점점 더 증가하는 소들의 수가 지구 생물권의 화학작용까지 위협하고 있다.

— 제러미 리프킨, 『육식의 종말』에서

리프킨이 육식의 종말을 제안한 이유가 비단 환경 문제 때문만은 아니야. 리프킨은 육식 문화를 '지방(脂肪) 소비 문화', 혹은 '비만의 문화'라고 비판하면서, 모든 서구 선진국 사람들이 과다 체중에 시달리는 문제를 언급했어. 부자들은 풍요의 질병으로 고통받는 반면, 지구촌의 빈자들은 생존에 필요한 최소한의 양식도 모자라 야위어 가고 있다고 리프킨이 개탄하지. 세계보건기구(WHO)에 따르면 오늘날 만성적인 기아에 시달리는 사람은 13억 명인데, 소를 비롯한 가축들이 전 세계에서 생산되는 곡식의 3분의 1을 먹어 치운다는 거야. 일부 부자들에게 고기를 먹이기 위해 13억 명이 굶주리고 있는 셈이지. 리프킨은 부자들의 다이어트와 빈자들의 굶주림 사이의 모순 관계를 지켜보면서, 노골적인 이기심과 뻔뻔스러운 실용주의에 익숙해진 현대인의 정서에 소름이 끼친다고 말하고 있어. 요리사가 꿈인 연희가 리프킨의 이런 일침에 어떻게 답해 줄 수 있겠니?

세계의 절반이 굶주리는 건 인간의 탐욕 때문

한편 리프킨과 비슷한 맥락에서 음식 문제를 바라본 이가 한 사람 더 있어. 바로 유엔 인권위원회 식량 특별 조사관이었던 장 지글러Jean Ziegler라는 사람이야. 연희가 처음에 상담을 시작했을 때, 인간은 먹기 위해 산다고 말했지? 하지만 여전히 세계인의 절반 이상은 살기 위해 먹으며, 심지어 살기 위해 필요한 최소한의 영양분도 공급받지 못하고 있어. 이 세상에는 그야말로 단지 생존을 위한 먹거리가 간절한 사람들이 의외로 많단다.

『왜 세계의 절반은 굶주리는가?』에서 장 지글러는 자신의 체험을 바탕으로 세계에서 벌어지고 있는 기아(飢餓)에 얽힌 다양한 이해관계를 속속들이 밝히고 있어. 세상은 과거 어느 때보다 풍요롭고, 많은 국가와 구호단체가 끊임없이 지원해 주는데도 아프리카 사람들은 왜 계속 굶주리는 것일까? 아프리카에서는 유독 독재 정

국가 식량 배급 프로그램으로 먹거리를 얻는 말라위 사람들

권과 군부 쿠데타에 의한 내전이 자주 일어나는데, 이것은 프랑스나 미국과 같은 서방 선진국과, 세계 식량의 수급을 좌지우지하는 다국적기업이 자신들만의 이익을 추구하기 때문이야. 이들은 기아를 근본적으로 해결할 의지가 없는 것은 물론, 오히려 기아를 무기로 자신들의 탐욕스러운 이기심을 채우고 있지.

연희가 장차 요리사가 되어 다루게 될 '음식'은 사실 단순히 배만 불리는 먹거리는 아니란다. 누군가에게는 삶의 목적일 만큼 마음껏 향유하고 싶은 대상이기도 하겠지만, 또 다른 누군가에게는 목숨을 부지하기 위한 한 가닥 생명줄일 수도 있으니 말이야. 연희가 음식에 대해 다양한 관점에서 고찰하고 깊이 생각해 볼수록 네가 다루는 음식이 얼마나 소중하고 진지한 것인가를 알 수 있을 거야.

이 책 한번 볼래?

『식객』

허영만 / 김영사

허영만의 『식객』은 살아 있는 '음식 백과사전'이라는 느낌이 들 정도로 생생한 음식 정보가 가득하단다. 책의 제목인 '식객'은 '협객', '검책'처럼 맛의 고수, 혹은 달인이라는 뜻이야. '진주'와 '성찬'이라는 이름을 가진 주인공이 팔도강산을 누비면서 천하제일의 맛을 찾아 나서는 이야기를 담았지. 이들은 산지에서 나는 최고의 재료를 찾고, 우리나라 음식 특유의 맛의 비법을 밝혀내고, 오랜 세월 내공을 연마한 요리 고수의 이야기를 찾아다녀. 드라마와 영화로도 제작되었지만 꼭 원작 만화로 직접 읽어 볼 것을 권할게. 특히 이 책에서는 우리 토종 음식을 소개하고 있는데, 각 음식의 대가들이 조금이라도 더 만족스러운 음식을 만들기 위해 말 못할 고생을 하며 애를 쓴단다. 그 모습이 참으로 진지하고 경건해 보이기까지 하더라. 굳이 '신토불이'를 거론하지 않더라도, 이렇게 만든 사람의 정성이 오롯이 깃들어 있기에 우리 음식이 우리 입맛에 딱 맞는 것은 아닐까?

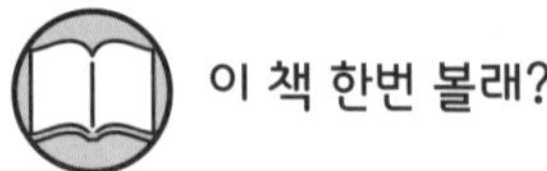

이 책 한번 볼래?

『음식 인문학』

주영하 / 휴머니스트

만약에 '음식학'이라는 학문이 있다면 딱 이 책의 내용을 두고서 하는 말일 거야. 우리 음식과 문화에 인문학의 잣대를 들이대 보니 뜻밖의 재미있는 이야기가 펼쳐지더라. 이 책에서는 음식이 어떻게 생산되고 소비되는지를 사회적·문화적 맥락에서 살피고, 음식에 담긴 철학적 의미도 따져 보고 있어. '오늘의 한국 음식을 보다', '한국 음식, 그리고 근대', '한국 음식, 오래된 것과의 만남' 등 세 부분으로 구성되어 우리나라 음식에 얽힌 역사와 문화를 시대별로 살피고 있단다.

선생님은 특히 우리의 전통 음식이라고 알려진 비빔밥의 뿌리를 추적하는 1부의 내용이 흥미로웠는데, 비빔밥이 1920년대 이후 외식업이 생겨나면서 널리 알려지게 됐다는 설명에 귀가 솔깃해지더라. 저자는 '비빔밥은 조선 왕가에서 먹던 건강식'이라는 설까지 등장하는 등 역사를 지나치게 신화화하는 움직임에 일침을 놓고 있지. 이는 자기 민족과 역사만 우수하다고 여기는 편협한 사고로, 다양한 문화를 존중하기 위해서는 경계해야 한다는 거야. "식사로서의 음식은 일상이지만 역사와 문화로서의 음식은 인문학이다."라는 서평이 이 책의 내용을 한 줄로 압축하지 않나 싶어.

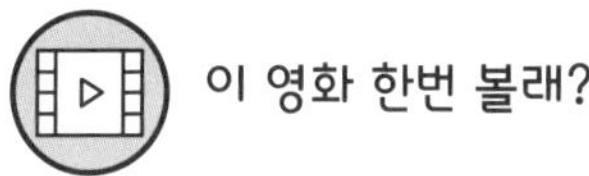

〈아메리칸 셰프〉

존 파브로 감독 / 2014년

존 파브로 감독의 〈아메리칸 셰프〉는 한국계 미국인의 실화를 바탕으로 하고 있어. 요리를 소재로 한 영화답게 다양한 요리의 생생한 향연이 펼쳐진다는 점에서 재미있으면서도 '맛있는' 영화라고 할 만하지. 영화 포스터에 쓰인 '빈속으로 절대 보지 말라'는 경고가 결코 빈말이 아닐 정도야. 주인공인 미국 일류 레스토랑의 셰프 칼 캐스퍼는 레스토랑 주인에게 메뉴 결정권을 빼앗겨 몇 년째 같은 메뉴만 내놓고 있어. 그러던 어느 날, 유명 음식 평론가 램지가 레스토랑에 방문해 칼의 음식을 혹평하고, 칼은 홧김에 트위터로 욕설을 보내지. 칼과 램지의 입씨름은 온라인상의 뜨거운 이슈가 되고, 칼은 레스토랑을 그만두기에 이른단다.

아무것도 남지 않은 칼은 샌드위치 푸드 트럭에 도전해 미국 전역을 일주하며 요리사로서 자신의 정체성을 찾아가지. 요리사를 꿈꾸는 연희는 이 영화에서 자기만의 요리를 완성해 가는 셰프의 진지한 자세를 누구보다도 인상적으로 지켜볼 듯싶구나. 유명한 식당을 박차고 나와 이제는 조그만 푸드 트럭을 운영하게 된 주인공이지만, 이 세상에서 가장 행복한 요리사가 된 그의 모습이 마음 깊이 남는 영화란다.

이런 책은 어때?

☞ 난이도

★ 하
★★★ 중
★★★★★ 상

● 직업인으로서 요리사, 요리사의 미래 비전, 음식에 대한 철학, 주방의 뒷이야기 등이 궁금한 이들에게

박찬일의 『지중해 태양의 요리사』(창비) ★★
지재우의 『요리사 어떻게 되었을까?』(캠퍼스멘토) ★★
한영용 외 13인의 『요리사가 말하는 요리사』(부키) ★★★
후안 모레노의 『날것의 인생 매혹의 요리사』(반비) ★★★★

● 요리 학교 유학을 꿈꾸는 이들에게

이욱정의 『쿡쿡』(문학동네) ★★

● 요리에 얽힌 인류 역사의 빛과 그림자를 살펴보고 싶은 이들에게

권은중의 『10대와 통하는 요리 인류사』(철수와영희) ★★
리처드 랭엄의 『요리 본능』(사이언스북스) ★★★★
마이클 폴란의 『요리를 욕망하다』(에코리브르) ★★★★

● 인류학 · 영양학 · 의학 등 다양한 관점에서 먹거리 이야기를 접하고 싶은 이들에게

피터 멘젤 · 페이스 달뤼시오의 『헝그리 플래닛』(월북) ★★★
이욱정의 『누들 로드』(예담) ★★★

● 음식의 탄생과 기원을 추적하고, 정치 · 경제 · 사회 · 문화적 변동이 음식 문화에 끼친 영향을 통찰하고 싶은 이들에게

주영하의 『맛있는 세계사』(소와당) ★★★
알레산드로 마르초 마뇨의 『맛의 천재』(책세상) ★★★
주영하의 『차폰 잔폰 짬뽕』(사계절) ★★★
주영하의 『식탁 위의 한국사』(휴머니스트) ★★★★
'식탁 위의 글로벌 히스토리' 시리즈(휴머니스트) ★★★★

스왓(SWOT) 분석

선생님이 네가 꿈꾸는 너의 미래를 일목요연하게 정리해 봤어.
선생님이 해 준 이야기를 참고해서 너에게 꼭 맞는
자신만의 꿈을 설계해 보렴.

S Strength 강점

- 자신의 개성과 창의성을 발휘할 여지가 큼.
- 식생활은 일상의 영역이면서 인간의 기본적 욕구에 해당함.

W Weakness 약점

- 만족할 만한 경제적인 보상을 얻는 요리사가 많지 않음.
- 고된 육체노동을 감내해야 하는 직종임.

O Opportunity 기회

- 새로운 먹거리에 대한 대중의 수요가 끊임없이 창출됨.
- 미식을 콘텐츠로 한 해외 관광객의 발걸음이 늘어나고 있음.

T Threat 위협

- 먹거리에 대한 대중의 눈높이가 높아짐.
- 자동화된 소형 조리 로봇이 개발되는 등 로봇에 의해 대체될 고위험군 직업 중 하나임.

4

안녕들 하십니까? 오늘도 나는 사람들의 안부를 묻는다

: 타인을 어떻게 도와야 할까?

관련 직업

사회복지 공무원, 기업 사회 공헌 담당자

세상 사람 모두가 행복해지길, '복지'는 행복입니다

: '사회복지사'를 꿈꾸는 친구들에게

▶▶ **핵심 도서**

『정의론』 존 롤스 / 이학사

『사람은 왜 서로 도울까』 정지우 / 낮은산

『우리 이야기 한번 들어 볼래?』 보이스프로젝트팀 / 삶창 선생님, 안녕하세요? 아현이에요. 지난주에 복지관으로 봉사 활동을 갔다가, 사회복지사가 일하는 모습을 처음 봤어요. 할아버지, 할머니를 한 분씩 붙잡고 다정하게 이야기를 나누며, 무엇인가를 수첩에 적고 계시더라고요. 그분이 하는 일이 소외된 사람들과 정을 나누며, 약자들이 행복하게 살 수 있도록 돕는 것이라고 생각하니 참 존경스러워 보였어요.
그날의 감동은 저의 진로를 정하는 데 결정적인 계기가 되었답니다. 저는 봉사 활동 하는 것을 진심으로 즐거워하고 보람되게 생각해서, 나중에 사회복지사를 잘할 수 있겠다는 확신이 생겼거든요. 선생님, 사회복지사가 되기 전에 알아 두어야 할 지식이나, 해야 될 일이 있으면 가르쳐 주세요.
봉사 활동만 열심히 해도 도움이 많이 될까요?

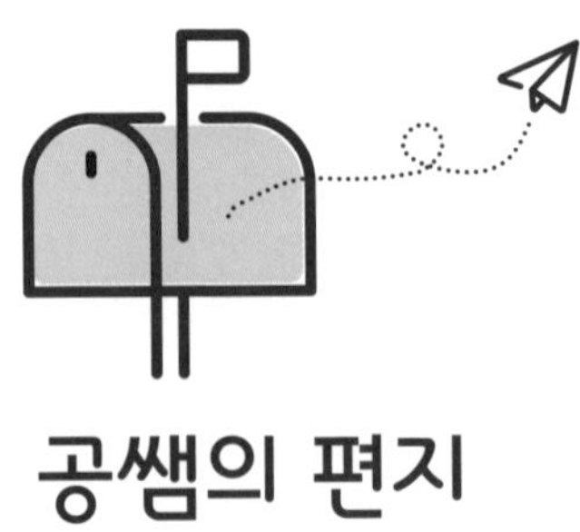

공쌤의 편지

'사회적 자본'을 키우는 사람

아현이는 학교 봉사 동아리의 '열혈 회원'이라고 들었는데, 네 편지를 받고 역시나 싶었단다. 평소에 외부 봉사 활동을 앞장서 했던 아현이의 모습이 그저 기특하기만 했는데, 네 꿈이 사회복지사라는 말을 듣고 나니 단번에 고개가 끄덕여지더구나. '아하, 그래서 아현이가 다른 사람을 위해 봉사할 수 있는 직업을 장래 희망으로 삼았구나!' 하고 쉽게 납득이 갔거든. 그런데 사회복지사라는 직업은 그냥 남을 위해 봉사 활동만 하는 사람은 아니란다.

지금부터 선생님이 하는 이야기를 잘 들어 보렴. 우리 사회가 얼마나 살기 좋은지를 측정하는 지표가 있어. '사회적 자본(Social Capital)'이라는 것인데, 사회적 자본이 풍부할수록 개개인의 삶의 만

족도가 높고, 살기 좋은 사회라고 평가할 수 있어. '자본'이라고 하니까 돈과 관계된 것이라 여기기 쉽지만, 돈이 아니라 '제도, 규범, 신뢰, 협력' 등이 '사회적 자본'에 속하는 요소란다. 사람은 돈과 같은 물질적 자본만으로 살아가는 존재가 아니기 때문에, '신뢰', '협력'과 같은 사회적 자본은 매우 중요해. 최근 들어 사회적 자본은 물적 자본, 인적 자본에 이어 '제3의 자본'으로 주목받고 있단다. 사회적 자본은 구성원들끼리 서로 믿고, 돕고, 힘을 합쳐서 공동의 목표를 도모하게 함으로써, 개개인의 행복한 삶과 사회의 안정에 기여하거든.

선생님은 아현이가 꿈꾸는 사회복지사가 바로 '사회적 자본'을 키우는 사람이라고 생각해. 다른 사람의 행복한 삶에 관심을 가지고 노력을 기울인다는 것은 '함께 살아가자'는 메시지를 온몸으로 실천하는 것이나 다름없잖아. 이는 앞서 언급한, '믿고, 돕고, 힘을 합치는' 행위 아니겠어? 사회복지사는 어려움을 겪는 사람을 직접 돕기도 하지만, 도움의 방법을 제안하고 복지 서비스를 기획하기도 한단다. 어떤 기관에서 도움을 받아야 하는지 지원을 요청하는 방법을 알려 주고, 후원자를 소개해 주는가 하면, 아픔을 함께 나눌 이웃을 찾아서 관계를 맺어 주기도 하지. 사회적 약자가 자립하도록 돕고, 이들과 더불어 사는 세상을 만들어 가는 사람이 바로 사회복지사라고 할 수 있어.

사회복지사가 주로 관심을 갖는 약자는 청소년, 노인, 여성, 장애인 등 사회에서 소외되기 쉬운 사람들이야. 이들은 각 집단마다 필요한 복지 서비스가 서로 다르기 때문에, 복지 시스템 역시 각 집단별로 구분해 운영되지. 그래서 대학에서 배우는 사회복지학의 세부 분야도 '청소년 복지, 노인 복지, 여성 복지, 장애인 복지' 등으로 나뉜단다. 아현이가 어떤 분야에 관심이 많은지 모르겠지만, 사회복지라는 업무가 특정 대상을 중심으로 영역이 나뉘어 있다는 사실을 알아 두면 좋을 거야.

사회적으로 복지에 대한 요구가 높아지면서, 앞으로 복지 제도가 확대되는 것은 물론 복지 서비스와 관련된 업무가 더욱 전문화되고 다양화될 것으로 보여. 남다른 사명감과 따뜻한 마음이 무엇보다도 필요한 직업, 사회복지사로서의 포부를 지닌 아현이에게 '정의'를 화두로 이야기를 시작해 볼까 해.

'정의'는 힘없는 소수자를 배려하는 것

우리 사회가 갖춰야 할 가장 중요한 덕목은 무엇일까? 미국의 정치철학자 존 롤스John Rawls는 그의 저서 『정의론』에서 그 덕목을 '정의'라고 주장하고 있어. 현대사회가 경쟁만 부추기다 보니 마침내 심각한 불평등 문제를 낳게 되었는데, 이를 해결하는 데 현명한 길잡이가 되어 주는 책이 바로 존 롤스의 『정의론』이야.

존 롤스는 여러 사람이 파이를 어떻게 나누어 먹느냐에 관한 문제를 정의의 원칙을 내세워 설명하고 있어. 그가 주장한 분배의 기본 원칙은 크게 두 가지란다. 첫 번째는 '평등한 자유의 원칙'으로, 사회의 구성원 모두가 기본적 자유에 대해 평등한 권리를 가져야 한다는 것이야. 그리고 두 번째는 선생님이 눈여겨본 '차등의 원칙'인데, 여기에 『정의론』의 진수가 있어. 차등의 원칙은 사회의 최대 약자, 즉 '최소 수혜자'에게 '최대 이익'이 돌아가게 해야 한다는 원칙이란다. 쉽게 말해 가장 불리한 입장에 있는 사람들에게 되도록 많은 이익을 제공해야 한다는 원칙이야. 그런데 이 두 번째 원칙은 첫 번째 제시한 평등의 원칙에 앞설 수 있다고 해. 즉 평등이 무조건 기계적으로 지켜져야 하는 것이 아니라, 때로는 차등이 필요할 때가 있다는 점을 강조하고 있는 것이지.

예를 들어 볼게. 파이 1개를 4명이 나누어 먹는다고 할 때, 모두가 똑같이 나누어 먹는 것이 제1원칙이야. 그런데 4명 중 한 명이 너무 배가 고프고, 게다가 임산부라고 가정을 해 봐. 그렇다면 나머

존 롤스

지 3명에게 파이를 적게 주거나, 심지어 전혀 주지 않고 임산부에게 몽땅 몰아 줬다고 해서 그게 불평등한 것일까? 이때는 배고픈 임산부를 배려했다고 볼 수 있지 않을까? 롤스가 말한 정의의 제2원칙은 소수자를 위한 일종의 배려에 속한단다. 국가의 배려를 받아야 하는 사회의 소수자로는 어린아이, 여성, 장애인, 노인, 그리고 소수 인종 같은 집단이 있겠지.

국가에서 세운 복지 정책은 존 롤스가 『정의론』에서 제시한 정의의 제2원칙에 기반했다고 볼 수 있어. 국가가 '최소 수혜자'에게 우선적 배려를 해 주는 것, 이것이 바로 사회 정의로서의 복지 정책이 갖는 의미지. 아현이가 장차 되려고 하는 사회복지사는 이렇듯 국가의 복지 정책을 사회의 가장 밑바닥에서부터 실현시켜 나가는 소중한 직업이란다.

나 '하나'가 아닌, '모두'가 행복한 사회를 꿈꾸다

아현아, 우리가 습관적으로 쓰고 있는 '복지(福祉)'라는 말이 혹시 무슨 뜻인지 알고 있니? 국어사전을 찾아보면 '복지'는 '행복한 삶'이라는 뜻을 지니고 있어. 그렇다면 '사회복지'는 사회를 구성하는 모든 이들이 행복하게 사는 것이라고 볼 수 있겠지? 따라서 '사회복지사'는 사회 전체가 골고루 행복할 수 있도록 돕는 사람이라고 할 수 있어. 행복하지 못한 사람에게 다가가, 행복을 꿈꿀 수 있게 도와주는 사람인 것이지. 치열한 경쟁사회를 살아가는 사람들은 자기 한 몸 챙기기도 버거운데, 타인의 행복을 챙기는 '사회복지사'라는 직업이 참 숭고하다는 생각이 들지 않니?

예부터 인간을 연구했던 많은 학자들이 '인간은 이기적인 동물'이라고 수차례 천명했어. 그렇지만 그들의 말이 무색하게도 역사적으로는 존경받아 마땅한, 수많은 이타적 인간들이 인간의 고귀함을 거듭 확신시켜 주곤 했지. 대의를 위해 자신을 희생하는 이들이 있는가 하면, 곤경에 빠졌을 때 공동체 구성원들이 서로를 도우며 힘을 합쳤던 경우도 많고 말이야. 『사람은 왜 서로 도울까?』라는 책은 인간이 이기적 본성에도 불구하고 서로 도울 수밖에 없는 이유를 파고들고 있어. 이 책의 저자는 사람이 누군가를 돕는 이유는 '공감적 상상력' 때문이라고 주장한단다. 공감적 상상력이란 '타인의 입장을 상상하고, 그러한 상상을 마치 자기 자신의 일인 것처럼 받아들여 공감하는' 능력이야. 입장 바꿔 생각하는 '역지사지'의 능력이 남을 돕는 행동으로 이어진다는 것이지.

이에 덧붙여, 저자는 인간에게는 끊임없이 나 자신이 누구인지 궁금해하고 확인받고 싶어 하는 성향이 있다고 말해. 이것이 바로 '자아 정체성'에 대한 욕망이지. 인간은 누구나 동물과 달리 그저 먹고 자는 것에 그치지 않고, 삶의 의미를 찾고 싶어 하고 자신이 의미 있는 존재이기를 희망하잖아. 그리고 기왕이면 더 좋은 정체성, 멋진 정체성, 의미 있는 정체성을 갖길 원하지. 저자는 남을 돕는 행위가 본인의 긍정적인 정체성을 강화시켜 준다고 해. 누군가를 도울 때 긍정적인 정체성이 빛을 발하게 된다는 것이지. '사람은 왜 서로를 도울까?'라는 질문에 대한 이 책의 대답은 아현이에게 어떤 시사점을 줄까? 사회복지사는 남달리 뛰어난 '공감적 상상력'을 가진 사람이어야 하고, 긍정적인 '자아 정체성'을 가진 사람이어야 한다는 것, 바로 이 두 가지 아닐까?

이 책은 인간이 서로를 돕는 이유와 배경을 분석한 후에, 곧바로 "왜 도와야 하지?"라는 질문을 던져. 아마 아현이에게는 "왜 사회복지사가 되려고 하지?"라는 의미로 받아들여지겠지? 이 물음에 대한 답을 곰곰이 생각한 뒤, 다음 글을 읽어 보렴.

> 타인은 우리의 '존재 조건'입니다. 따라서 타인을 돕는 것은 우리 '삶의 조건'이지요. 달리 말하면, 우리는 타인과 연계되어서만 존재할 수 있습니다.
>
> — 정지우, 『사람은 왜 서로 도울까』에서

우리는 원하든 원하지 않든, 타인과 영향을 주고받으며 살아가고 있어. 삶의 부단한 과정이 늘 타인들 속에 있다는 점에서, 우리는 언제나 타인에게 빚져 왔고, 지금도 빚지고 있어. 마찬가지로 그 누군가는 나에게 빚지고 있을 테고. 저자는 "우리 삶은 서로에게 무한히 빚지면서 동시에 그 빚을 갚아 나가는 과정"이라고 말한단다. 사회복지사를 꿈꾸는 아현이에게 이 말이 어떻게 들릴지 궁금하구나.

이들도 우리처럼 행복해질 권리가 있다

앞서 우리 사회의 약자(혹은 소수자)로 여성, 장애인, 노인, 아동 등을 꼽았지? 그런데 한국이 급격하게 다문화 사회로 변화하면서, 이제 새롭게 관심을 가져야 할 부류가 있어. 바로 해외에서 이주해 온 외국인들이야. 장차 사회복지사가 된다면, 아현이가 '이주민 복지'와 관련해서 지금보다 신경 써야 할 일이 늘어날 거야.

이주 청소년 12명의 생생한 목소리를 담은 『우리 이야기 한번 들어 볼래?』에는 우리의 이웃, 학교, 노동 현장에 늘 존재했지만, 아무도 관심을 가져 주지 않아 좀처럼 드러나지 않았던 이들의 삶이 담겨 있어. 이 책에 등장하는 15~24세의 남녀 청소년들은 다양한 이주 경험을 가지고 있어. 부모의 결혼으로 한국에 온 경우도 있고, 돈을 벌기 위해 입국한 경우도 있고, 목숨을 걸고 탈북한 이들도 있지. 이들의 한국살이를 하나씩 읽다 보면, 우리가 그들에게 얼마나 공공연하게 편견의 시선을 던졌는지 반성하게 된단다.

이 책은 청소년의 이주 배경에 따라 내용이 나뉘어 있어. 1부에서는 어머니의 결혼 이민으로 베트남, 몽골, 태국, 중국에서 이주해 온 이들의 이야기가 그려져 있고, 2부에서는 이주 노동자인 부모님을 따라 한국에 온 청소년들이 등장해서 자신의 이야기를 펼쳐 놓는단다. 방글라데시, 미얀마, 파키스탄 등에서 온 그들은 낯선 한국 땅에서 스스로 이주 청소년 노동자가 되기도 했는데, 한국에 정착하려는 그들의 눈물겨운 노력을 살필 수 있어. 3부는 북한에서 온 청소년들의 이야기야. 이들 탈북 청소년은 다른 나라에서 온 이주민보다 오히려 더 큰 정체성 문제로 고민하고 있더구나. 그들은 남한에 만연한 북한 사람에 대한 편견이 가장 힘들다고 말한단다.

이 책에 담긴 이주 청소년의 사연 하나하나에는 사회적·경제적 약자인 이들이 겪는 삶의 고뇌가 고스란히 배어 있어. 낯선 문화에 적응해 가기도 힘든 마당에 한창 예민한 사춘기에 또래 아이들의 편견과 차별에 맞서기까지 해야 한다니, 그들의 삶이 얼마나 각박했을까? 정말 가슴이 아프더구나. 이주 청소년이라고 해서 어찌 이들에게 꿈이 없고, 희망이 없겠어? 소외된 이주 청소년들의 등을 토닥이며 따뜻한 위로와 용기를 주어야 할 사람은 누구일까? 물론 우리 사회 구성원 모두겠지만, 아현이에게 이것 하나는 특별히 부탁하고 싶구나. 장래의 사회복지사로서, 앞으로 국가의 복지 정책이 이들에까지 미칠 수 있도록 끝까지 관심을 가져 주기 바랄게.

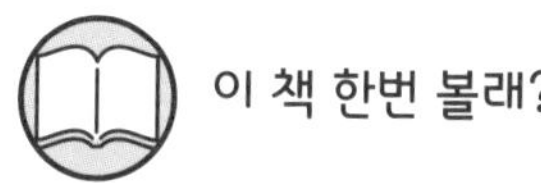

이 책 한번 볼래?

『하루를 살아도 나는 사회복지사다』

도래샘 / 인간과복지

인터넷 검색창에 '사회복지사'를 쳐 넣으면 연관 검색어로 나올 것 같은 '공감', '나눔', '동행', '희망'이라는 네 단어를 주제어로 삼아, 사회복지사의 생생한 경험담을 담은 책이야. 사회복지사는 복지 서비스를 효과적으로 제공하기 위해 전문성을 갖추는 것도 중요하지만, 원만한 대인 관계를 이끌어 나갈 수 있는 의사소통 능력도 필요해. 복지 서비스를 집행하는 과정에서 다른 사람의 욕구와 행동에 적절히 대응하는 한편, 상대방을 설득하는 능력이 요구되거든. 또한 지역사회에서 주민들과 부대끼며 일하기 때문에, 이들 사이의 네트워크를 형성하는 능력도 무척 중요하단다. 이 책에 등장하는 12명의 사회복지사들은 자신들이 가장 소중하게 여기는 가치를 '사람'에 두고, 지역 주민과 소통하면서 이웃처럼 지냈다는 공통점이 있으니 눈여겨보기 바랄게. 사회복지사들이 어떻게 일하는지 이보다 더 실감나게 전하는 책은 없을 거야.

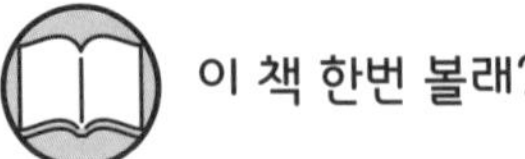

『우리는 중산층까지 복지 확대를 요구한다』

경향신문 특별취재팀 / 밈

국민들이 진정으로 원하는 복지는 무엇일까? 우리는 국가에 어떤 복지 정책을 요구해야 할까? 이 책은 시민들의 다양한 복지 요구를 폭넓게 담고 있어. 노동자, 청년, 대학생, 노인, 주부 등 각계각층의 사람들이 등장하여 '내가 바라는 복지'가 무엇인지 차근차근 풀어놓지. 1부와 2부에서는 우리나라 복지의 어제와 오늘을 돌아보고, 다른 나라와 우리나라의 복지를 각각 비교함으로써 한국 사회의 복지 현실을 비판적으로 분석하고 있어. 이어지는 3부와 4부에서는 중산층까지 체감하는 복지를 만들기 위해서 어떤 대안을 마련해야 하는지 모색하고 있지.

이 책은《경향신문》의 기획 시리즈를 바탕으로 하고 있어. 이 시리즈는 복지 국가를 시민의 입장에서 바라보는 것에 초점을 둔 기획으로, 치밀한 취재 방식과 강력한 메시지로 우리 사회에 큰 울림을 주었어. 기자들이 복지 현장에서 만난 평범한 사람들의 목소리를 들려주고 있기에 공감하기 쉽고, 우리나라 복지 정책의 현안을 한눈에 살펴볼 수 있어서 유익한 책이란다. 이 책을 읽으며 우리나라의 복지를 어떻게 바꿔야 할지, 지속 가능한 복지를 위해 무엇을 해야 하는지 고민해 보렴.

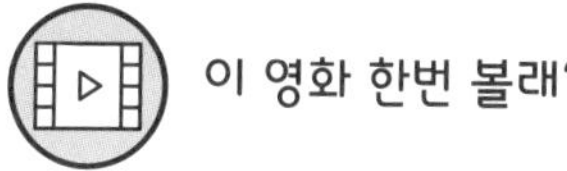

이 영화 한번 볼래?

〈울지마 톤즈〉

구수환 감독 / 2010년

이 작품은 아프리카 수단 남쪽의 '톤즈'라는 마을에서 8년간 봉사 활동에 전념하다, 마흔여덟의 나이로 생을 마감한 고(故) 이태석 신부의 헌신적인 삶을 담은 다큐멘터리 영화란다. 비록 사회복지사는 아니지만, 이태석 신부의 마음과 그가 베푼 선행이 사회복지사의 바람직한 모습을 거울처럼 보여 주기에 아현이에게 소개해 주고 싶었단다.

이태석 신부는 의과대학을 졸업하고 인턴 생활까지 마친 의사였지만, 한국에서 의사로 남부럽지 않게 살 수 있는 길을 버리고 신학대학교에 진학했어. 그리고 사제가 되자마자 아프리카 선교를 지원해 수단의 톤즈로 향했지. 톤즈에서는 내전과 전염병, 기아로 수많은 사람들이 목숨을 잃고 있었는데, 그는 이곳에 병원과 학교를 손수 지어 환자를 치료하고 아이들을 가르쳤어. 그리고 전쟁과 가난으로 웃음을 잃은 아이들을 모아 35인조 브라스 밴드를 만들어 음악을 가르쳐 주었지. 복지는 꿈도 꾸지 못하는 가난한 나라에 남긴 그의 발자취는 사회복지사를 꿈꾸는 아현이에게도 큰 울림을 줄 거야. 이 영화를 보며 사회복지사로서의 새로운 포부와 각오를 다져 보았으면 해.

이런 책은 어때?

☞ 난이도
★ 하
★★★ 중
★★★★★ 상

● 사회복지사의 애환과 보람을 솔직히 듣고 싶은 이들에게

노혜련 외 2인의 『사회복지사의 희망 이야기』(학지사) ★
권대익의 『신입 사회복지사의 좌충우돌 실천 이야기』(푸른복지) ★
김성천 외 21인의 『사회복지사가 말하는 사회복지사』(부키) ★★

● 소수자의 삶을 살펴보고, 최소한의 인간다운 삶을 보장하는 사회복지의 의미를 되새기고 싶은 이들에게

참여연대 사회복지위원회의 『대한민국 최저로 살아가기』(나눔의집) ★
김민아의 『아픈 몸, 더 아픈 차별』(뜨인돌) ★★
후지타 다카노리의 『2020 하류 노인이 온다』(청림출판) ★★★

● 사회복지의 관점으로 사회적 불평등과 차별 의식을 다룬 대중문화를 살펴보고 싶은 이들에게

김민아 외 10인의 『영화, 사회복지를 만나다』(한울) ★★★
김상진의 『대중문화로 배우는 사회복지 이야기』(푸른복지) ★★★

● 세계 주요 국가들의 복지 현황을 살펴보고, 우리가 현실적으로 나아갈 길을 비판적으로 검토하고 싶은 이들에게

오연호의 『우리도 행복할 수 있을까』(오마이북) ★★
신필균의 『복지국가 스웨덴』(후마니타스) ★★★
가오렌쿠이의 『복지사회와 그 적들』(부키) ★★★★

● 복지국가의 실현 전략을 고민해 보고 싶은 이들에게

오건호의 『나도 복지국가에서 살고 싶다』(레디앙) ★★★
이창곤의 『복지국가를 만든 사람들』(인간과복지) ★★★★

스왓(SWOT) 분석

선생님이 네가 꿈꾸는 너의 미래를 일목요연하게 정리해 봤어.
선생님이 해 준 이야기를 참고해서 너에게 꼭 맞는
자신만의 꿈을 설계해 보렴.

S Strength 강점

- 시민들과 직접 대면하며 국가 복지 정책을 일선에서 실현하는 자긍심과 보람이 있음.
- 공무원으로 임용될 경우, 고용 안정성이 보장됨.

W Weakness 약점

- 사회복지사 1급 자격증 시험 합격률은 높지 않음.
- 과다한 업무에 비해 처우의 수준이 낮은 편임.

O Opportunity 기회

- 국가와 민간 차원에서 소외 계층에 대한 관심이 지속됨.
- 국가의 복지 정책 확대가 예상되며, 복지 수요가 증가함.

T Threat 위협

- 사회복지사 자격증 소지자의 공급 초과.
- 국가의 복지 정책을 둘러싼 사회적 갈등이 상존함.

관련 직업

심리 치료사, 심리학자

몸의 상처는 의사에게, 마음의 상처는 심리 상담사에게

: '심리 상담사'를 꿈꾸는 친구들에게

▸▸ **핵심 도서**

『프로이트, 심청을 만나다』 신동흔 · 고전과출판연구모임 / 웅진지식하우스

『지킬 박사와 하이드』 로버트 루이스 스티븐슨 / 문예출판사

『감각의 제국』 문동현(PD) 외 2인 / 생각의길

선생님, 안녕하세요? 저번에 진로 문제로 선생님과 상담을 했던 민지예요. 진로 문제만 생각하면 이유 없이 초조하고 불안했는데, 선생님이 그런 제 마음을 알아주고 현실적인 조언을 해 주신 덕분에 고민스러웠던 부분이 마음속으로 많이 정리됐어요. 예전에는 막연히 심리학자가 되고 싶었는데, 선생님과 상담을 한 후에 '심리 상담사'라는 구체적인 꿈이 생겼답니다. 다른 사람의 마음을 읽어 내고, 따뜻한 말과 조언을 건네는 심리 상담사는 참 보람 있는 직업인 것 같아요. 제가 애초에 공부하려 했던 심리학과 밀접하게 연관된 분야이기도 하고요.

그런데 한 가지 걱정되는 점이 있어요. 스스로의 고민도 잘 해결하지 못해 몇 날 며칠 끙끙 앓곤 하는 제가 '심리 상담사'라는 직업을 선택해서 잘 해낼 수 있을지 두려워요. 사람의 마음을 다뤄야 하는 심리 상담사는 어떤 특별한 능력이 필요한가요? 훌륭한 심리 상담사가 되기 위해서는 지금부터 무엇을 미리 생각하고, 알아 두면 좋을지 조언해 주세요.

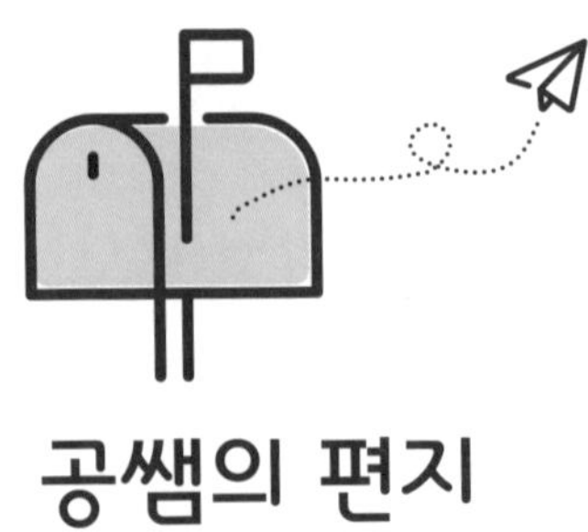

공쌤의 편지

심리학이 쓰는 영혼의 처방전

민지가 진로 문제로 고민하더니 이제야 마음을 정했나 보구나. 선생님은 민지가 평소에 친구들과 잘 어울리고, 다른 친구의 말을 잘 들어 주는 모습을 자주 목격했단다. 이런 높은 친화력과 소탈한 성격을 보건대, 민지가 심리 상담사가 되기에 전혀 부족함이 없는 품성을 갖추었다고 선생님은 생각하고 있어.

다만 몇 가지 알아 두었으면 하는 점이 있단다. '심리 상담사'라는 직업은 한 사람의 성장과 변화를 돕는다는 점에서 매우 의미 있고 가치 있는 직업이라는 장점이 있는 반면, 사람의 마음을 다루는 직업이니만큼 조심스럽게 접근해야 할 필요성도 있거든. 그래서 열심히 공부하고 충분한 임상 경험을 거쳐 전문성을 갖추는 것이 무엇보다도 중요하지. 참, 민지가 심리학에 관심이 많다고 알고 있는데, 심리학은 전문적으로 상담을 하는 데 기초가 되는 필수적인 학문이란다.

현대사회가 각박하다는 말을 많이들 하는데, 실제로 이 때문에 각종 스트레스에 노출돼 우울증, 불안 장애, 공황장애 등 정신 질환을 호소하는 사람들이 점점 늘어나고 있어. 다행인지 불행인지 앞으로 이들의 마음을 어루만져 줄 심리 상담사의 역할이 더 중요해질 것으로 예상이 돼. 비록 경제적 보상이나 사회적 명예는 흡족하게 주어지지 않을지라도, 현대인의 마음을 치유하고 긍정적인 변화를 이끌어 내는 '영혼의 의사'라는 점에서 충분히 자부심을 가질 만한 직업이지. 자, 이제 재미있는 심리학 서적을 하나 소개하면서 글을 시작할게.

옛 소설 속에서 만나는 심리학

선생님이 조금 전에 심리 상담사가 되려면 전문성을 갖추어야 하는데, 그 방법 중 하나가 다양한 '임상 경험'을 쌓는 것이라고 말했지? '임상'은 환자를 진료하거나 의학을 연구하기 위해 병상에서 환자를 만나는 일을 말해. 심리 상담사의 임상 경험은 사람들을 만나 실제로 상담해 보는 것을 가리키지. 하지만 학생 신분인 민지가 지금 당장 임상 경험을 쌓는 것은 사실상 불가능하잖아. 그래서 이미 잘 알려진 인물들을 대상으로 그들의 심리를 분석하고, 가상의 심리 상담을 경험하는 것은 어떨까 싶어서 『프로이트, 심청을 만나다』를 골라 보았어.

『프로이트, 심청을 만나다』는 홍길동, 심청, 옹고집 등 고전소설의 등장인물에 심리학의 잣대를 들이대어, 그들의 이상 심리(異常心理)를 분석해 낸 책이란다. 우리가 익히 알고 있는 소설의 내용을 바탕으로 등장인물의 처지를 살펴보고, 그를 괴롭히는 마음의 병이 무엇인지 심리학적으로 뜯어본다는 점에서 무척 흥미로워. 재미도 재미지만, 심리 상담사를 꿈꾸는 민지에게는 무엇보다도 참 유익하겠다는 생각이 들기도 하고 말이야.

이 책의 내용을 아주 낯설게 여길 필요는 없어. 우리는 오래전부터 이미 '햄릿형 인간', '돈키호테형 인간' 등과 같이 문학 속에 등장하는 전형적 인물을 빌려서, 사람들의 생각이나 행동 유형을 은유적으로 부르고 있잖아. 그럼 책의 내용을 조금만 살펴볼까?

저자는 홍길동의 심리와 행동을 '피해 의식' 측면에서 분석한단다. '피해 의식'은 보통 과거의 상처나 절망으로 인한 정신적 결핍감에서 비롯되는데, 불행이 닥쳤을 때 자기 책임은 생각하지 않은 채 자꾸 남의 탓으로 돌리는 심리적 경향을 특징으로 해. 부모를 탓하고, 세상을 탓하고, 환경을 탓하는 등 불행의 원인을 외부에서 찾는 것이지.

알다시피 홍길동은 능력은 출중하지만, 서자라는 신분의 한계 때문에 벼슬에 나가지 못하잖아. 그는 결국 가출하여 백성을 위한 의로운 도적 떼인 '군도'의 우두머리가 되는데, 이는 영웅적 면모이기는 하나 자신을 몰라준 세상에 대한 반항이자 자신을 알아 달라는 몸부림일 수 있다고 저자는 분석하고 있어. 세상에 나아가 자신이 얼마나 대단하고 출중한 사람인지 보여 주고 싶다는 홍길동의 강한 자의식은 결국 피해 의식의 한 단면이라는 거지.

저자는 훗날 홍길동이 율도국을 정벌해 스스로 왕위에 올랐을 때도 여전히 피해 의식으로 인한 설움과 분노가 내면에 남아 있다고 지적하며, 이를 건강하게 극복하는 방법을 제시하고 있어. 고전소설 속의 등장인물을 분석하며 간접적인 임상 경험을 쌓을 수 있고, 그것을 극복하는 단서까지 얻을 수 있으니 민지에게 적잖이 유용하겠지?

그 밖에도 이 책에는 심청이 '강박적 책임'에 짓눌려 살았는데, 공양미 삼백 석에 팔려 인당수에 빠졌다가 다시 태어난 것을 계기로 강박에서 벗어나 새로운 삶을 살게 되었다는 흥미로운 해석도 등장해. 『만복사저포기』에서 사랑하는 여인과 이별한 후 고립된 삶을 선택한 주인공 양생의 심리를 '우울증'이라 보고, 그것이 어디에서 기원했는지 추적하기도 하지. 『배비장전』에 등장하는 당시 양반들은 위선적인 '배비장'을 타깃으로 삼아 그를 놀려 먹음으로써 일종의 쾌감을 느끼는데, 이는 현대사회의 병리 현상인 '따돌림'의 심리적 기제와 비슷하다고 분석하고 있어.

문학작품은 작가가 그려 낸 허구적인 세계이지만, 결국은 사람들이 사는 이야기를 담고 있기에 때로는 현실보다 더 그럴듯한 현실감을 지니고 있잖아. 그런 점에서 문학 속 인물을 심리학적으로 분석해 낸 이 책은 인간의 마음속 깊은 곳을 생생하게 들여다볼 수 있는 일종의 거울 같다는 생각이 드는구나. 이 책을 읽다 보면 소설 속 인물들의 마음은 곧 우리 마음이고, 내 마음이기도 하다는 생각이 들더라. 민지도 이 책에 등장하는 인물들의 모습에 자신의 모습을 비추어 보는 것은 어떨까? 심리 상담사가 지녀야 할 덕목인 '공감' 능력이 한 뼘 더 자라는 것을 느낄 수 있을 거야.

누구나 마음속에 '하이드'를 품고 산다

앞서 살펴본 책 『프로이트, 심청을 만나다』의 제목이 '프로이트'를 내세워 고전(심청)과 심리학(프로이트)의 만남이라는 콘셉트를 드러내고 있을 정도로, 지그문트 프로이트는 현대 심리학의 기초를 마련한 중요한 인물이야. 그의 학문적 발상은 심리학에 큰 영향을 끼쳤는데, 무엇보다도 인간의 마음을 '의식'과 '무의식'으로 나누어 심리학 연구의 새로운 장을 연 것으로 유명해. 천문학에서는 기존의 천동설을 거부하고 지동설을 주장함으로써 인식론의 대전환을 가져온 코페르니쿠스가 있다면, 심리학에서는 프로이트가 그런 역할을 했다고 할 수 있지.

그런데 프로이트보다도 먼저 인간의 양면성을 간파한 사람이 있었어. 비록 자신의 견해를 학문적 이론으로 정립하지는 못했지만

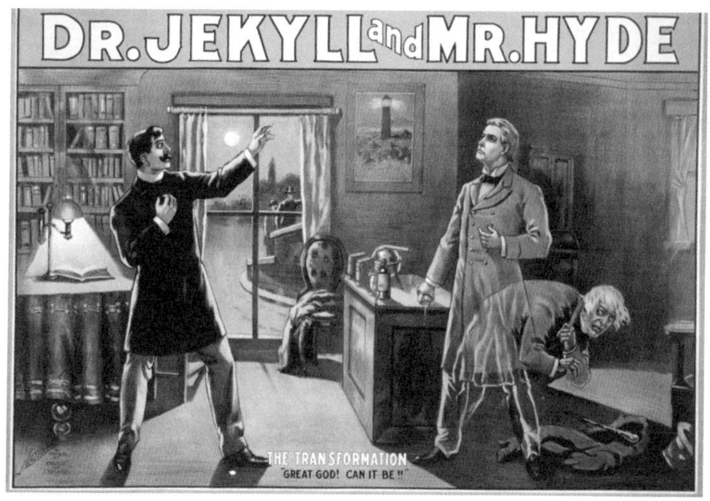

연극 〈지킬 박사와 하이드〉 포스터

기괴한 설정과 상상력 넘치는 소재로 인간의 양면성을 풀어냈지. 『지킬 박사와 하이드』라는 소설을 창작한 영국의 소설가 로버트 루이스 스티븐슨Robert Louis Stevenson을 두고 하는 말이야. 이 소설의 주인공인 '지킬 박사'는 덕망 있는 가문에서 태어난 인물로, 많은 사람들에게 존경받는 유능한 의사야. 하지만 그의 내면 깊은 곳에서는 자신의 욕구를 분출하지 못한 채 살아가는 것에 대한 불만이 자리 잡고 있었어. 이것이 바로 프로이트가 말한 '무의식'에 해당하는 부분이 아닐까 싶어.

지킬 박사는 인간 내면의 선과 악이라는 모순된 양면성을 분리할 수 있을 것이라 생각해, 여러 번 실험을 거친 끝에 영혼을 선과 악으로 분리하는 약물을 개발하는 데 성공해. 그 뒤 지킬 박사는 밤이면 약물을 마시고 선이 완전히 사라진 악인 '하이드'로 변하여 마음 내키는 대로 행동하지. 그는 하이드가 되어 온갖 자유를 만끽하다가, 다시 약물을 들이켜고 지킬 박사로 돌아오는 이중생활을 시작해.

그런데 예상치 못한 문제가 생겨. 약물 투여가 반복되면서 하이드의 행동이 점점 악마처럼 잔혹해져 갔거든. 마침내 지킬 박사는 하이드를 통제할 수 없는 지경에 이르게 돼. 약을 먹지 않아도 갑자기 추악한 하이드로 변신하는 일이 일어났고, 이렇게 나타난 하이드는 좀처럼 사라지려 하지 않았지.

『지킬 박사와 하이드』는 공포 영화나 스릴러물처럼 아슬아슬하고 괴기스러운 느낌을 주며 짜릿함을 불러일으키는데, 그렇다고 단순히 흥밋거리로 읽고 소비할 만한 가벼운 작품은 아니야. 선생님은 『지킬 박사와 하이드』가 의식과 무의식이 건강하게 균형을 이룬 정상인과 달리, 무의식을 적절하게 통제하지 못하여 마음의 병을 앓고 있는 현대인의 모습을 은유하고 있는 것은 아닐까 하는 생각이 들더라. 정신적으로 건강한 사람은 각자의 '하이드'를 얼마든지 통제하며 살아가고 있잖아. 하지만 약물을 써도 '하이드'를 스스로 조절할 수 없을 정도가 되면 마음이 병든 사람이라고 할 수 있을 거야. 이런 사람을 치유하는 것은 누가 할 일이겠어? 바로 민지가 꿈꾸고 있는 심리 상담사나 심리 치료사의 몫이겠지.

평화를 가져오는 '공감'의 힘

그렇다면 다른 사람의 마음을 치유하는 심리 상담사나 심리 치료사에게 가장 필요한 능력은 무엇일까? 많은 사람들이 '공감' 능력을 꼽는단다. '공감'이라고 하면 다른 사람의 감정을 함께 느끼는 것이라고 간단하게 생각해 버리기 쉽지만, 『감각의 제국』을 보면 좀 더 깊이 생각해 볼 부분이 있어.

이 책에 따르면 공감에는 '인지적 공감'과 '정서적 공감'이 있다고 해. 우선 인지적 공감은 타인의 생각과 감정을 의식적으로 읽으려고 노력하는 과정에서 확립되는 공감 능력이란다. 상황의 전후 맥락에 따라 상대의 생각을 이해하려고 노력함으로써, 그 사람의 마음이 어떤 상태인지 읽어 내는 것이지. 이는 다른 사람의 표정이나 말투, 태도 등을 보면서 그 사람의 감정 상태를 파악할 수 있는 능력이라고도 할 수 있어. 이에 반해 정서적 공감은 무의식적이고 반사적인 차원에서 이루어지는 일이야. 고통받는 사람을 보았을 때 그 사람의 고통을 즉시 느낀다든지, 힘들어하는 사람을 대할 때 그를 불쌍하게 여긴다든지 하는 것 등이 여기에 해당되지. 쉽게 말해 인지적 공감이 타인의 마음 상태를 '이해하는' 것이라면, 정서적 공감은 타인의 감정 상태를 '느끼는' 거란다.

이 두 가지 가운데 정서적 공감 능력은 그 사람의 됨됨이, 즉 성품과 직결된다고 봐야 해. 그래서 정서적 공감 능력은 교육을 통해 이루지지 않고, 의식적으로 노력한다고 해서 금방 좋아지는 것도 아니야. 유년기에 부모와의 감정적·정서적 교류를 통해 타인의 고통을 느낄 수 있도록 뇌 발달이 이루어졌다면, 무의식적으로 정서적 공감이 이루어지지. 민지는 이 둘 가운데 어떤 종류의 공감 능력이 더 중요하다고 생각하니?

훌륭한 심리 상담사나 치료사가 되기 위해서는 인지적 공감·정서적 공감 능력이 고루 발달되어 있다면 금상첨화겠지. 그런데 만약 타인에 대한 공감 능력이 부족하다면 어떻게 해야 할까? 공감 능력을 키울 수 있는 방법은 없을까? 이 책에서는 몇 가지 방법을 제시하고 있어. 첫째, 다른 사람의 입장이 되어 행동하고 생각해 볼 수 있는 '역할 놀이'가 효과적이래. 스스로 다양한 역할을 맡아 봄으로써 타인의 행동이 맥락에 따라 달라질 수 있다는 사실을 경험적으로 배울 수 있기 때문에, 공감 능력 발달의 효과가 무척 크거든. 둘째, 예술 작품을 감상하는 것이야. 문학작품이나 영화, 연극, 사진 등의 예술 작품은 우리가 경험해 보지 못한 다른 삶, 다른 인간으로서의 인격을 경험하게 해 주기 때문이야. 특히 단순한 구조로 전개되는 이야기보다 복합적인 줄거리의 문학작품을 읽을 때 공감 능력이 커진다고 해. 셋째, 새로운 체험에 뛰어드는 게 도움이 돼. 특히 지금까지 경험해 온 것과는 다른 삶과 문화에 도전할수록 효과는 더 커지지. 가령 노숙자의 삶을 체험하여 그들의 어려움에 공감한다든지, 하루 3,000원으로 살아 보는 체험을 하며 청년 백수의 삶을 공감해 본다든지 하는 것이지.

이 책은 공감 훈련에서 무엇보다도 중요한 것은 좋은 대화법을 익히는 것이라고 강조해. '좋은 대화법'이 어떤 거냐고? 타인을 섣불리 판단하지 않고 상대의 진심을 포착하며 귀 기울여 듣기, 자신의 약점을 개방하여 상대와의 장벽을 허물고 대화하기 등이야. 이런 소통의 기술은 사람들의 더 깊은 속내를 들여다볼 수 있게 하여 더 큰 공감을 이루어 내는 데 도움을 준단다.

공감은 사회 곳곳에서 벌어지는 여러 갈등을 푸는 열쇠가 될 수 있어. 따라서 개인과 개인의 관계를 넘어 사회적·정치적 문제를 해결하는 데도 반드시 필요한 요소란다. 다른 사람의 시각에서 바라볼 수 있는 능력과 감정을 가지는 것은 사회 구성원의 성숙한 관계 형성에 이바지하고, 궁극적으로 공동체에 평화를 가져오는 원동력인 셈이지. 다른 사람의 마음을 치유하는 역할을 하는 직업으로만 알았던 심리 상담사, 심리 치료사, 심리학자가 세계 평화에까지 기여할 수 있다고 하니 어때? 자부심이 생기지? 아니, 책임감이 막중해지려나?

『심리학, 열일곱 살을 부탁해』

이정현 / 걷는나무

정신건강의학과 의사인 저자가 고등학교 1학년 학생들과 상담한 경험을 바탕으로 쓴 책이야. 저자는 상담을 하며 다양한 연령대의 사람들을 만나 왔는데, 그중에서도 유독 고 1, 열일곱 살 아이들에게 관심을 갖게 된 이유는 그들이 처한 위험한 상황 때문이었다고 말해. 입시 경쟁, 진로, 부모와 친구 관계, 이성 교제 등 열일곱 아이들의 고민을 단지 '사춘기의 방황'이라는 말로 뭉뚱그리는 것은 충분하지 않다는 거야.

부제가 '대한민국 10대를 위한 유쾌한 심리학'인데, 책 내용을 보니 '대한민국 10대를 이해하기 위한'이라는 말이 더 어울리지도 모르겠어. 민지는 이 책의 주요 대상인 열일곱 또래의 학생이니, 책을 읽으며 고개가 끄덕여지는 내용이 얼마나 있는지 생각해 보면 좋을 것 같아. 여기서 얻은 지식은 주변 친구들을 상담하는 데도 유용하게 활용할 수 있을 거야. "왜 나는 꿈이 없는 걸까?", "왜 난 공부가 싫은 걸까?", "왜 부모님은 내 맘을 몰라

주는 걸까?" 등 민지 또래의 아이들이 흔하게 고민하고 갈등하는 상담거리들이 가득하단다. 전문가가 풀어놓은 해결책을 한눈에 들여다볼 수 있다니, 장래에 심리 상담사를 꿈꾸는 민지에게 큰 도움이 되겠지?

이 책 한번 볼래?

『자아 놀이공원』

이남석 / 사계절

민지야, 혹시 '프로이트', '융', '스키너', '매슬로', '에릭슨' 같은 이름을 들어 본 적 있니? 민지가 나중에 본격적으로 심리학을 공부하게 되면 만나게 될 세계적인 심리학자들의 이름이야. 이들은 과연 어떤 심리학 이론을 남겼을까? 어려운 심리학책을 하나하나 살펴보는 것이 부담스럽다면, 이 책을 펼쳐서 신나는 놀이공원으로 떠나 보렴. 『자아 놀이공원』은 프로이트, 스키너 등 5명이 세운 유명한 심리학 이론을 놀이공원의 여러 가지 놀이기구에 비유해서 설명하고 있는 책이야.

가령 프로이트가 만든 '빙하 놀이관'에 가면, "빙하 꼭대기에 맨 먼저 오르면 원하는 것을 무엇이든 주겠다."라는 제안을 받은 사람들이 서로를 짓밟고 떠밀며 빙하를 오르는 기괴한 장면이 펼쳐져. 빙하 위쪽에서 그 광경을 바라보던 거인은 특별한 조명의 신호에 따라, 올라오는 사람들을 다시 밑으로 떨어뜨리고 말이야. 이곳에서 자신의 욕망을 위해 물불 안 가리고 빙하를 오르는 사람들은 프로이트의 정신분석학에서 말하는 '이드', 즉 '원초적 본능'을 상징해. 조명은 무슨 욕망을 제어해야 하는지를 판단하는 '초자아', 거인은 욕망을 직접 제어하는 '자아'를 가리키고 말이야. 이렇듯 저자는 난해한 프로이트의 심리학 이론을 놀이관의 다양한 상황에 빗대어 쉽게 풀고 있어. 그 밖에도 놀이공원에는 융의 'UFO 전시관', 스키너의 '입체 게임관', 매슬로의 '피라미드관', 에릭슨의 '서바이벌 게임장' 등이 있는데, 이곳을 하나씩 돌고 나면 해당 심리학자들의 이론이 자연스럽게 이해될 거야. 어때, 한번 가 볼 만한 놀이공원이지?

이 영화 한번 볼래?

〈굿 윌 헌팅〉

구스 반 산트 감독 / 1997년

〈굿 윌 헌팅〉은 평생 누구의 간섭도 받지 않고 살아온 수학 천재 '윌 헌팅'의 정신적 성장에 관한 이야기야. 사실 윌은 자라면서 간섭뿐만 아니라 관심 역시 받은 적이 없어. 그는 제대로 된 따뜻한 사랑을 받아 본 적이 없기에 타인에게 마음의 문을 닫고 살아가는, 그저 머리만 똑똑한 철부지에 지나지 않지. 가난한 가정환경 때문에 매사추세츠 공대(MIT)에서 청소부로 일하던 윌은 어느 날 '제럴드 램보' 교수의 눈에 띄게 돼. 램보 교수는 어려운 수학 문제를 싱겁게 풀어 버리는 윌의 재능을 단번에 알아보고, 그를 자신의 제자로 키우려 하지.

하지만 윌은 학업보다 정서적인 치유가 우선이 돼야 할 정도로 매우 불안정한 상태였어. 그런 윌을 돕고자 내로라하는 상담가와 심리학자들이 나서지만, 윌은 좀처럼 마음의 문을 열지 않고 오히려 그들에게 무례하게 굴고 미운 짓만 해 대지.

그러던 어느 날 운명처럼 '숀 맥과이어'라는 심리학 교수가 나타나면서, 윌은 생애 처음으로 타인에게 마음을 여는 경험을 하게 돼. 숀 교수는 윌의 내면 깊숙한 곳에 자리한 상처를 이해하고 보듬어 주며 그가 삶의 해답을 찾을 수 있도록 이끌어 준단다. 숀 교수의 도움을 받은 윌은 마침내 자기 자신의 비뚤어진 모습과 화해를 하며 변화하기 시작해. 숀이 윌에게 건네는 "네 잘못이 아니야."라는 말은 이 영화의 감동을 고스란히 담고 있는 명대사이기도 하단다. 이 명대사가 어떤 장면에서 나오는지 민지가 영화를 보며 꼭 확인해 보았으면 해. 상담가의 진정한 역할이 무엇인지 가슴 깊이 느낄 수 있을 거야.

이런 책은 어때?

☞ 난이도

★ 하
★★★ 중
★★★★★ 상

● 상담 심리 전문가들의 생생한 상담 경험을 듣고 싶은 이들에게

허지은의 『당신의 이야기를 들려주세요』(바다출판사) ★★
구거의 『우울증 남자의 30시간』(유노북스) ★★★
프랑수아 를로르의 『정신과 의사의 콩트』(북하우스) ★★★★

● 가상 심리 상담을 통해 심리 상담의 구체적인 내용과 방법을 간접적으로 체험하고 싶은 이들에게

김태형의 『베토벤 심리 상담 보고서』(부키) ★★★

● 인간의 선택과 판단을 은밀하게 조종하는 사고 체계의 비밀을 알고 싶은 이들에게

김서윤의 『토요일의 심리 클럽』(창비) ★★
로렌 슬레이터의 『스키너의 심리 상자 열기』(에코의서재) ★★★★
리처드 레스택의 『인간적인, 너무나 인간적인 뇌』(휴머니스트) ★★★★
대니얼 카너먼의 『생각에 관한 생각』(김영사) ★★★★★

● 유명한 심리학자 및 정신 분석학자의 이론을 알고 싶은 이들에게

류쉬에의 『살아 있는 심리학 이야기』(글담) ★★
부희령의 『프로이트 의자에서 네 꿈을 만나 봐』(나무를심는사람들) ★★★
김서영의 『프로이트의 환자들』(프로네시스) ★★★★★

● 심리 치료의 효과 및 한계에 대해 냉정하게 판단하고 싶은 이들에게

폴 몰로니의 『가짜 힐링』(나눔의집) ★★★★

스왓(SWOT) 분석

선생님이 네가 꿈꾸는 너의 미래를 일목요연하게 정리해 봤어.
선생님이 해 준 이야기를 참고해서 너에게 꼭 맞는
자신만의 꿈을 설계해 보렴.

S Strength 강점

- 한 사람의 성장과 변화를 돕는 의미 있고 가치 있는 직업군임.
- 사람의 마음을 다룬다는 점에서 고도의 전문성을 가짐.

W Weakness 약점

- 경제적 보상이 충분하지 않고, 직업의 안정성이 보장되지 않는 편임.
- 관련 학과 및 자격이 다양하여 현재 공급이 과잉된 측면이 있음.

O Opportunity 기회

- 심리학은 광고, 의학, 경제 등 다양한 분야에서 폭넓게 응용될 수 있음.
- 현대인들이 스트레스, 우울증 등과 같은 정신적인 문제에 노출되면서 심리 상담의 수요가 증대함.

T Threat 위협

- 대중이 전문 상담보다 정신의학에 의존하려는 경향이 강함.(장기적인 상담보다 단기적인 약물 치료를 선호함.)

관련 직업

파일럿, 여객선 선장

세상 어디까지 가 보고 싶니? 내가 그곳으로 안내할게!

: '승무원'을 꿈꾸는 친구들에게

▸▸ **핵심 도서**

『감정노동』 앨리 러셀 혹실드 / 이매진

『논어』 공자 / 홍익출판사

『공리주의』 존 스튜어트 밀 / 책세상

『인생 교과서 칸트』 한자경 · 김진 / 21세기북스

『300 : 29 : 1 하인리히 법칙』 김민주 / 미래의창 선생님, 안녕하세요? 수인이입니다. 저의 꿈은 항공기에서 일하는 스튜어디스가 되는 거예요. 정갈하게 빗어 넘긴 머리카락, 늘씬하고 깔끔하게 차려입은 유니폼. 보기만 해도 저절로 미소가 떠올라요. 어릴 때부터 승무원은 줄곧 저의 꿈이었거든요.

그런데 한편으로는 승객을 직접 대하는 스튜어디스보다 항공기를 조정하는 파일럿이 되는 것은 어떨까 하는 생각도 해 봅니다. 항공기 기장은 거의 남성이긴 하지만, 여성이라고 하지 말라는 법은 없잖아요. 항공기, 여객선, 열차 같은 데서 일하면 여러 곳을 돌아다니기 때문에 자유롭게 여행하는 기분도 들고, 많은 사람을 그들이 원하는 곳까지 태워다 주면서 큰 보람도 느낄 것 같아요. 선생님, 승무원이 되기 위해서 제가 어떤 것을 알아 두면 좋을까요?

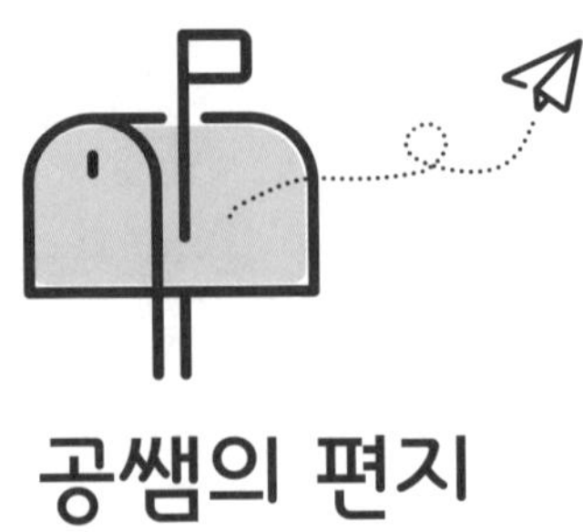

공쌤의 편지

넓은 세상을 향해 떠나다

옛날보다 경제 사정이 좋아지면서, 현대인은 여행과 레저에 큰 관심을 갖고 즐기며 살아가고 있어. 그 덕분에 항공기, 선박, 기차 등에 대한 교통 수요도 덩달아 늘고 있지. 특히 요즘에는 고급 교통수단에 대한 새로운 소비 형태가 눈에 띄는데, 고속열차는 보편화된 지 오래됐고, 크루즈 같은 고급 선박을 이용해 여행하는 사람도 많아졌단다. 또 중소 규모의 항공사가 많이 생겨, 저렴한 항공권을 구입해 여행을 떠나는 사람도 흔히 볼 수 있고 말이야. 앞으로는 땅·하늘·바다 가릴 것 없이 승무원에 대한 수요도 더욱 늘어나겠지. 그렇다면 수인이가 승무원이 되는 길이 조금 더 활짝 열리지 않을까 하는 기대를 해 보게 된다.

수인이는 항공기, 여객선, 열차 같은 데서 승무원으로 일하는 것이 마치 여행하는 것 같은 쾌감을 안겨 줄 것이라 기대하고 있지? 수인이 생각처럼 먼 거리를 이동해 몇 시간 후면 다른 나라, 새로운 도시로 종종 이동할 수 있다는 점에서 승무원은 아주 매력적인 직업임이 분명해.

그런데 선생님이 단단히 일러두고 싶은 게 있어. 승무원으로 비행이나 항해를 하는 것은 절대 여행처럼 자유롭게 즐길 수 있는 일이 아니란다. 제한된 공간 속에서 함께 탄 수많은 승객의 안전을 책임져야 하는 막중한 위치에 있거든. 또 불규칙한 스케줄로 체력 소모가 크고, 장거리를 이동하는 일이 잦아서 늘 긴장 상태를 유지해야 한다는 어려움이 있어. 겉으로는 화려해 보일지 모르지만, 노동 강도가 세고 육체적으로 고된 직업이지. 그래서 승무원에게 강인한 체력은 필수 요건이란다. 이런 이유들 때문에 승무원은 신체적 조건을 많이 따지는 직종 중 하나니까 사전에 조건을 꼼꼼하게 검토해 보았으면 해.

'친절히 모시겠습니다'의 무게감

그리고 수인이가 미처 생각지 못한 게 있는데, 선생님이 이것만은 꼭 당부하고 싶구나. 승무원은 서비스 직종이기 때문에 신체보다 마음가짐이 훨씬 더 중요하다는 점을 기억했으면 해. '서비스'는 다른 사람에 대한 일종의 '희생'이라고 할 수 있는데, 이를 종종 잊는 사람들이 있어서 참 안타까워. 승무원의 주된 임무는 승객을 원하는 곳까지 편안하고 안전하게 모시는 것이잖니. 겉으로는 화려하고 재미있어 보일지 모르지만, 어느 직종 못지않게 봉사와 희생정신, 그리고 무한한 책임감이 뒤따르는 직업이라는 사실을 간과해서는 안 돼.

혹시 '감정노동'이라는 말을 들어 봤니? 감정노동은 배우가 연기를 하는 것처럼, 직업의 특성 때문에 자신의 속내를 감춘 채 다른 얼굴 표정과 몸짓을 하는 것을 말해. 승무원은 어떤 상황에서도 미소를 띠고 승객을 대해야 한다는 점에서 대표적인 감정노동자지. 『감정노동』이라는 책을 보면 늘 희생과 봉사가 뒤따르는 마음가짐을 가져야 하는 승무원이 녹록지 않은 직업이라는 것을 알 수 있을 거야.

이 책의 저자인 미국 캘리포니아주립대의 사회학 교수 앨리 러셀 혹실드Alie Russell Hochschild는 '감정노동'이라는 말을 최초로 개념화한 사람이야. 서비스업이 증가하면서 감정노동자는 계속 늘어나는 추세란다. 대형 마트 직원, 사무실 비서, 식당 웨이터, 호텔 데스크 직원, 여행 가이드 등 주변에서 쉽게 감정노동자를 찾아볼 수 있지. 이들이 유독 친절하고 웃음이 많은 이유는, 타인의 감정에 맞추기 위해 자신의 감정을 억누르고 통제하는 것이 직업적으로 중요한 임무이기 때문이야.

혹실드는 감정이 상품화되고 감정을 관리하는 것이 노동의 일부가 된 사회를 '감정노동 사회'라 규정하고, 감정이 상품으로 등장하게 된 사회적 흐름을 추적하고 있단다. 저자가 감정노동의 대표적인 사례로 주목한 것은 수인이가 꿈꾸는 항공기 승무원이야. 그는 1980년대 초반 미국 델타항공의 승무원을 관찰한 뒤 이 책을 썼어.

『감정노동』에 따르면 서비스 업종에 종사하는 대부분의 노동자는 겉으로만 웃는 연기를 한다고 해. 사적인 감정이 직업적 상황과 부딪히는 상황에서, 최대한 자존감을 지키려고 애쓰는 것이지. 하지만 이런 대응은 스트레스, 우울증, 신체적 쇠약 등으로 이어질 수도 있단다. 이 책을 읽으면서 감정을 상품으로 판다는 것이 이 사회에서 어떤 의미인지 수인이가 한 번쯤 생각해 보았으면 해. 어쩌면 육체노동보다 몇 배 더 힘든 것이 감정노동이니까 말이야.

철학자들에게 희생이란?

수인이도 이미 알고 있겠지만, 2014년은 가슴 아픈 '세월호' 참사가 일어난 해야. 사고 당시 세월호의 선장과 몇몇 승무원들은 배가 침몰하기 시작하자 누구보다 먼저 탈출했지. 그들에게서 봉사와 희생, 책임감 따위는 기대할 수 없었어. 그들은 살고자 하는 '본능'과 승무원으로서의 '임무' 사이에서 갈등하다가 결국 본능에 굴복하고 말았던 거야. 죽음을 두려워하고 삶을 지키려는 마음은 인간이라면 누구나 가지고 있는 본능이긴 해. 하지만 그들은 인간인 동시에 승무원이었어. 승무원이라면 본능을 극복했어야 하는데 그렇게 하지 못했지. 마땅히 추구해야 하는 가치를 저버린 승무원이었다는 점에서 그들은 아직까지도 사회적 지탄을 받고 있어.

그들이 마땅히 따랐어야 하는 가치란 무엇일까? 영국의 철학자 벤담이나 밀에 따르면 그것은 '공리(公利)'이고, 공자의 말에 의하면 '인(仁)'이라고 볼 수 있어. 그리고 칸트까지 거슬러 올라가 보면 '도덕법칙'이라고 할 수 있을 거야. 어떤 점에서 그런지 지금부터 찬찬히 살펴보도록 하자.

우선 공자의 말부터 살펴볼게. '살신성인(殺身成仁)'이라는 말을 들어 봤지? 이 말은 중국의 춘추시대에 '인(仁)'을 최고의 덕목으로 삼는 공자의 언행을 수록한 책, 『논어(論語)』의 「위령공편(衛靈公篇)」에 나오는 한 구절이야.

志士仁人(지사인인)	높은 뜻을 지닌 선비와 어진 사람은
無求生以害仁(무구생이해인)	살기 위하여 '인'을 저버리지 않으며
有殺身以成仁(유살신이성인)	자기 몸을 희생하여 '인'을 이룬다.

높은 뜻을 지닌 선비를 '지사(志士)'라 하고, 어진 사람을 '인인(仁人)'이라 하는데, 공자는 '지사'와 '인인'은 '인'에 살고, '인'으로 살고, '인'을 위해 살아야지, 목숨을 부지하는 것에 삶의 기준을 두어서는 안 된다고 말하고 있어. 요컨대 군자는 구차하게 자기 한목숨

살겠다고 남에게 피해를 주지 않고, 스스로 목숨을 바쳐 남을 살리는 사람이라는 의미야.

세월호 사고 당시, 스물두 살 박지영 승무원은 다른 승무원과는 달리 승객 구조에 최선을 다했다고 해. 그는 가슴까지 물이 차오른 상태에서도 마지막까지 학생들의 구명조끼 착용 여부를 일일이 확인하는 등 구조 작업을 벌이다가 싸늘한 주검으로 발견됐지. 아마도 공자가 오늘날까지 살아 있다면 살신성인한 세월호 승무원을 군자라고 하지 않았을까?

우리는 여기서 '스스로의 목숨을 바쳐 남을 살리는 것이 왜 가치 있는 일인가?'라는 의문을 다시 한 번 가지게 돼. 이 의문에 대해서는 벤담과 밀이 주창한 '공리주의(功利主義)'가 하나의 답이 될

존 스튜어트 밀

수 있단다. 공리주의는 19세기 중반 영국에서 산업혁명이 한창 진행될 무렵에 싹튼 사상이야. 물질적 풍요를 향해 무한 경쟁이 시작되고 무절제한 개인의 이윤 추구 현상이 만연하자, 개인의 이익과 사회의 이익을 조화시켜야 할 필요성이 생겨났지. 공리주의자들은 그러한 조화가 이루어질 수 있는 명확한 틀을 제시하고자 했어.

흔히들 공리주의의 '공리'를 사회의 이익과 연관지어 '公利'라고 착각하기 쉬운데, '공리'의 한자어는 '공명과 이익'을 뜻하는 '功利'란다. 한자어 그대로 풀이하면, 공리주의는 행위의 목적이나 선악의 판단 기준을 인간의 공명과 이익을 증진시키는 데에 두는 사상을 가리키지.

존 스튜어트 밀의 『공리주의』에 따르면, 공리주의자들은 인간을 고통은 회피하고 쾌락을 추구하는 존재로 간주했다는 걸 알 수 있어. 개인들의 삶의 목적은 오로지 쾌락과 행복의 추구라는 거지. 그리고 그들은 이러한 개인들로 이루어진 사회에서 선한 행위는 '최대 다수의 사람들에게 최대의 행복을 가져다주는 행위'라고 정의했단다. 즉 공리주의에서 행위의 선악을 판별하는 척도는 행위의 결과에 있는 거야. 대표적인 공리주의자인 벤담은 삶의 목적으로서의 쾌락을 수량적으로 계산할 수 있다고 주장했기 때문에, 흔히 그의 사상을 '양적 공리주의'라고 해. 양적 공리주의에 따르면, 소수 승무원의 희생으로 다수 승객의 행복을 보장받을 수 있다면 승무원의 희생은 승객들의 '공리'를 위해 마땅히 감수해야 하는 것이 되지.

마지막으로, 칸트의 '의무론적 윤리설'에 기대어 승무원이 추구해야 하는 가치를 말해 보면 '도덕법칙'에 해당하지 않을까 해. 칸트는 행위의 결과보다 동기를 중시했어. 그가 말한 도덕성의 기준은 무엇일까? 칸트의 철학을 쉽게 풀어쓴 『인생 교과서 칸트』라는 책의 열 번째 챕터를 보면, 칸트는 어떤 다른 목적을 달성하기 위한 수단으로서의 명령이 아니라, 그 자체가 목적인 무조건적 명령으로서의 '도덕법칙'을 제시했어. 이를 어려운 말로 '정언(定言)명령'이라 하는데, 정언명령이란 인간이라면 누구나 따라야 하는 무조건적이고 절대적인 명령을 뜻해. 예를 들면 "어려운 사람을 보거든 도와주어라.", "연약한 사람을 보호해라." 같은 것들이지. 칸트는 도덕법칙의 절대성과 보편성을 강조하면서, 도덕법칙에 따르는 것이 우리의 의무라고 보았단다. 이를 두고 '의무론적 윤리설'이라 하는데, 말 그대로 풀어서 이해하면 윤리적인 생각이나 행동은 그 자체로 그냥 '의무'라는 뜻이야. 우리에게 무조건 주어진 도덕법칙이므로, 마땅히 해야 할 일이라는 거지.

더 쉽게 말하면, "어려운 사람을 도와주어라."라는 도덕법칙은 '그래야 나도 어려울 때 도움을 받을 수 있으니까.'라는 식의 다른 목적 없이 그냥 무조건 그렇게 해야 된다는 거야. 왜냐하면 그 자체가 목적이고 의무니까 말이야. 승무원의 행동에 대해서 칸트가 한마디 할 수 있었다면, '공리'를 위한, 혹은 '인'을 이루기 위한, 아니면 기타의 이유가 있어서가 아니라 단지 주어진 '도덕법칙'에 의해 당연히 그렇게 해야 했다고 말했을 거야.

큰 사고는 예고 없이 갑자기 닥치지 않는다

그렇다고 사건·사고 현장에서 희생하는 것이 승무원의 주된 임무는 아니야. 그보다 더 중요한 업무는 희생이 필요하지 않도록 불의의 사고와 재해를 진단하고 예방하는 것이지. 일반적으로 항공기나 선박, 열차 사고는 한번 났다 하면 대형 사고로 연결되고, 사상자 수도 일반 교통사고와는 비교가 안 될 정도로 엄청나거든. 그래서 사건 발생 후의 조치보다는 예방이 훨씬 더 중요해.

『300 : 29 : 1 하인리히 법칙』이라는 책을 보면, 안전 문제와 관련해서 사전 예방이 얼마나 중요한지 실감할 수 있지. 1930년대 미국의 보험사 직원이었던 '허버트 윌리엄 하인리히'라는 사람이 각종 큰 사고를 분석한 결과, 큰 사고가 일어나기 전에는 일정 기간 동안 여러 번의 경고성 징후와 전조가 반드시 있었다는 사실을 밝혀냈어. 한 건의 대형 사고에는 공통적으로 그와 관련된 작은 사고가 29번쯤 먼저 일어나고, 더 작은 사고가 300번 정도 일어난다는

거야. 처음 밝혀낸 보험사 직원의 이름을 따서 이것을 '하인리히의 법칙'이라고 해.

이 법칙은 어떤 대형 사고가 우연히 또는 어느 순간 갑작스럽게 일어나는 것이 아니라, 그 이전에 반드시 경미한 사고들이 반복되는 과정 속에서 발생한다는 것을 실증적으로 밝혔다는 점에서 우리에게 시사하는 바가 크단다. 다시 말하면, 큰 사고들은 항상 사소한 것들을 방치할 때 발생해. 사소한 문제가 생겼을 때 이를 면밀히 살펴 그 원인을 파악하고 잘못된 점을 신속하게 고치면 대형 사고를 막을 수 있다는 뜻이지.

실제로 이처럼 철저한 선제적 예방 조치로 안전 운행의 기록을 쌓아 가고 있는 항공사가 있어. 항공사 평가 사이트 에어라인래이팅

스닷컴(AirlineRatings.com)이 2014년에 발표한 '항공사 안전도 랭킹'을 보면, 세계에서 가장 안전한 항공사에 오스트레일리아의 콴타스항공(Qantas Airways Limited)이 뽑혔어. 오스트레일리아의 국영 항공사인 콴타스항공은 창업 이래 단 한 번도 사망 사고를 일으키지 않은 실적을 높이 평가받아 1위의 자리에 올랐지. 아마도 1위의 영광을 얻기까지는, 보이지 않는 곳에서 열심히 노력한 승무원의 공이 크지 않았을까?

이 책 한번 볼래?

『승무원, 언니처럼』

윤은숙 / 이담북스

만약에 우리 집 바로 옆집에 승무원으로 근무하는 언니, 혹은 누나가 살고 있다면? 항공기 승무원이 정말 되고 싶은 사람은 매일매일 찾아가서 염치 불구하고 이것저것 시시콜콜히 물어보고 싶겠지?

『승무원, 언니처럼』은 두바이 에미리트항공(Emirates Airline) 승무원 출신의 저자가 마치 옆집에 사는 언니(누나)처럼, 실제 승무원으로 활동했던 경험을 다정다감하게 들려주고 있는 책이야. 저자는 승무원은 육체적으로도 정신적으로 힘든 직업이라고 당부하며 글을 시작해. 또 승무원을 준비하고 합격하기까지의 경험담, 그리고 실제 비행 생활이 어떤지 등을 현장감 있게 전하고 있지. 승무원 지망생이 가질 법한 갖가지 질문을 Q&A 형식으로 풀어내고 있어서 승무원의 길로 가는, 친절한 가이드북으로서의 역할을 충분히 해낼 수 있는 책이란다. 수인이와 같은 꿈을 꿨고, 그 꿈을 먼저 이룬 저자의 경험담이 궁금하다면 꼭 한번 읽어 보렴.

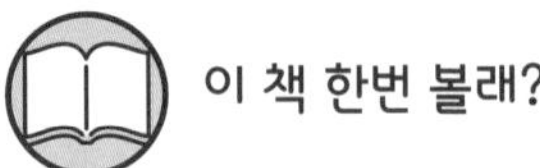

이 책 한번 볼래?

『야간 비행』

앙투안 드 생텍쥐페리 / 푸른숲주니어

『야간 비행』은 『어린 왕자』로 유명한 생텍쥐페리가 1931년에 발표한 소설이야. 혹시 수인이는 생텍쥐페리가 비행기 조종사였다는 걸 알고 있니? 그는 21세에 공군에 입대해 조종사 훈련을 받았고, 그 뒤에는 민간 항공사에 들어가 우편물 수송 비행을 하며 세계 여러 곳을 돌아다녔어. 그는 야간 비행의 선구자로, 북서아프리카, 남대서양, 남아메리카 등지의 비행 항로 개척에 커다란 기여를 하기도 했단다.

비행은 그에게 직업일 뿐만 아니라, 사색과 명상의 통로이기도 했어. 이 작품에는 비행기 조종사로 근무했던 생텍쥐페리의 인생관과 그가 추구하는 인간상이 오롯이 담겨 있단다. 그래서인지 책을 읽으면서 주인공이 생텍쥐페리 자신이 아닐까 하는 생각마저 들었어. 위험한 야간 비행으로 인해 자의든 타의든 개인의 삶과 행복을 포기해야 하는 사람들, 그로 인한 깊은 슬픔…. 소설 속 인물 중 누구 하나 진실하지 않은 사람이 없어서 읽는 내내 마음 한곳이 아려 오더라. 이 소설을 읽으며, 수인이가 살아가면서 언젠가는 반드시 맞닥뜨리게 될 의무와 용기, 사랑에 대해 한번 생각해 보았으면 해.

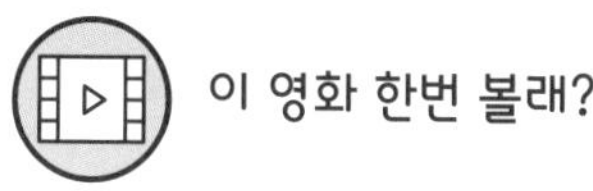

〈설리: 허드슨강의 기적〉

클린트 이스트우드 감독 / 2016년

이 영화는 승객의 안전을 위해 승무원의 책임과 판단이 얼마나 중요한지 극적으로 보여 주는 작품이야. 2009년의 실화를 바탕으로 했는데, 항공기 조종사 설리가 비상착륙이라는 최악의 위기 상황에서 어떻게 기내의 모든 승객을 구할 수 있었는지, 그 판단 과정과 사태 수습의 긴박함이 잘 드러나 있어. 조종사로서 해박한 전문성에 근거해 현명한 판단을 내리고, 직업인으로서 마땅히 짊어져야 할 책임을 다하는 모습이 본받을 만해.

그런데 수많은 사람을 기적적으로 살렸음에도 불구하고, 기장의 비상착륙 결정은 올바른 선택이 아니었다는 의혹과 비난이 제기된단다. 무모한 대처라며 설리가 잘못을 추궁당하는 장면은 참 가슴 아프더구나. 조종사로서 소신과 신념이 아니었다면 감당하기 힘든 상황이었을 거야.

아마도 수인이가 승무원이 된다면 이 영화에서 일어나는 모든 일을 한 번쯤은 겪게 되지 않을까 싶구나. 미처 생각지 못했던 많은 일이 그 좁은 항공기 안에서 일어날 수 있다는 사실에 놀랄지도 모르겠어. 어찌 되었든 그 일들은 엄연히 현실에서 일어날 수 있다는 점에서 장차 승무원이 되려는 수인이가 배울 점이 참 많은 영화란다.

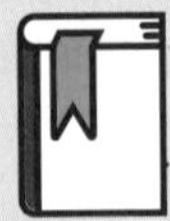

이런 책은 어때?

☞ 난이도
★ 하
★★★ 중
★★★★★ 상

● **비행기 조종사의 직업 세계, 비행 업무의 구체적인 내용, 긴급 사태에 대처하는 자세 등을 살펴보고 싶은 이들에게**

신지수의 『나의 아름다운 비행』(책으로여는세상) ★★
한고희의 『파일럿의 특별한 비행 일지』(모요사) ★★
체슬리 설렌버거 · 제프리 재슬로의 『설리, 허드슨강의 기적』(인간희극) ★★★
나카무라 간지의 『비행기 조종 교과서』(보누스) ★★★

● **항공 승무원의 직업 현장, 노동 강도, 미래 전망 등을 알고 싶은 이들에게**

이향정의 『하늘을 나는 여우, 스튜어디스의 해피 플라이트』(백산출판사) ★
김현영 외 7인의 『스튜어디스 비밀 노트』(씨네21북스) ★★
송연희의 『꿈을 품고 윙을 달다』(마음상자) ★★

● **항공에 관한 역사, 과학 등의 지식을 습득하고 싶은 이들에게**

장조원의 『하늘에 도전하다』(중앙books) ★★★
이근영 · 조일주의 『하늘, 비행기, 그리고 사람들』(준커뮤니케이션즈) ★★★
박영기의 『과학으로 만드는 비행기』(지성사) ★★★

● **항해술의 과학과 역사를 살펴보고 싶은 이들에게**

김우숙 · 이민수의 『세상을 바꾼 항해술의 발달』(지성사) ★★★
주경철의 『문명과 바다』(산처럼) ★★★★

● **바다를 누비는 항해사의 경험을 직접 듣고 싶은 이들에게**

올리비에 드 케르소종의 『대양의 노래』(문학세계사) ★★★

스왓(SWOT) 분석

선생님이 네가 꿈꾸는 너의 미래를 일목요연하게 정리해 봤어.
선생님이 해 준 이야기를 참고해서 너에게 꼭 맞는
자신만의 꿈을 설계해 보렴.

S Strength 강점

- 전문직으로서 경제적 안정성을 도모할 수 있음.
- 전국 방방곡곡을 비롯해 해외 여러 나라를 가 볼 수 있는 기회가 주어짐.

W Weakness 약점

- 다양한 승객을 상대하는 데서 겪게 되는 업무 곤란도(특히 감정적인 부분에서)가 높음.
- 대형 안전사고 발발 가능성.

O Opportunity 기회

- 여가 시간 확대로 인한 여행 수요 증가.
- 대형 선박, 고속 열차, 항공기 등 고급 교통수단의 대중화 추세.

T Threat 위협

- 저비용 항공사 도입으로 인한 출혈 경쟁 불가피.
- 세계적 전염병이 발생할 경우 여행업 전반이 위축될 가능성이 상존.

도판 출처

18쪽	©Michelangelus(Shutterstock.com)
21쪽	©Government Press Office(1976, Wikimedia Commons, CC BY-SA 3.0)
24쪽	©Indypendenz(Shutterstock.com)
40쪽	©Tatiana Shepeleva(Shutterstock.com)
47쪽	©Princeton ai
59쪽	©Vadim Sadovski(Shutterstock.com)
62쪽	©Johan Swanepoel(Shutterstock.com)
79쪽	public domain
82쪽	©P. Fidanza, Raphael Sanzio(1973, Wellcome Library, CC BY 4.0)
84쪽	public domain
98쪽	©Rawpixel.com(Shutterstock.com)
103쪽	©dimbar76(Shutterstock.com)
115쪽	©istolethetv(2008, flickr, CC BY 2.0)
118쪽	©illustrart(Shutterstock.com)
119쪽	©Sorbis(Shutterstock.com)
135쪽	public domain
141쪽	©Castleski(Shutterstock.com)
154쪽	©Alexander Mazurkevich(Shutterstock.com)
160쪽	©Stephen Jay Gould Archive(2016, Wikimedia Commons, CC BY-SA 4.0)
171쪽	©Jameskbuck(2008, Wikimedia Commons, CC BY-SA 3.0)
173쪽	©amenic181(Shutterstock.com)
175쪽	public domain
185쪽	©Pressmaster(Shutterstock.com)
192쪽	©Lilongwe khym54(2005, flickr, CC BY 2.0)
203쪽	©Kzenon(Shutterstock.com)
206쪽	©Ken Gewertz(sjwiki, Fair use)
223쪽	©National Prtg. & Engr. Co. (1880, Wikimedia Commons, CC BY-SA 3.0)
241쪽	©Piotrus(2014, Wikimedia Commons, CC BY-SA 3.0)
242쪽	public domain
245쪽	©I WALL(Shutterstock.com)

북트리거 포스트

북트리거 페이스북

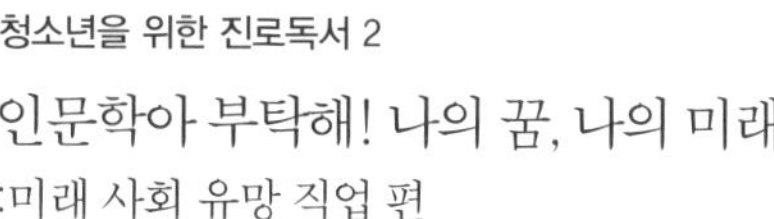

청소년을 위한 진로독서 2

인문학아 부탁해! 나의 꿈, 나의 미래

:미래 사회 유망 직업 편

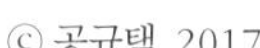

1판 1쇄 발행일 2017년 3월 24일
1판 4쇄 발행일 2020년 10월 15일

낸이 권준구 | 펴낸곳 (주)지학사
본부장 황홍규 | 편집장 윤소현 | 팀장 김지영 | 편집 양선화 전해인
기획·책임편집 김지영 | 디자인 정은경디자인
마케팅 송성만 손정빈 윤술옥 이예현 | 제작 김현정 이진형 강석준 방연주
등록 2017년 2월 9일(제2017-000034호) | 주소 서울시 마포구 신촌로6길 5
전화 02.330.5265 | 팩스 02.3141.4488 | 이메일 booktrigger@naver.com
홈페이지 www.jihak.co.kr | 포스트 http://post.naver.com/booktrigger
페이스북 www.facebook.com/booktrigger | 인스타그램 @booktrigger

ISBN 979-11-960400-2-4 44300
ISBN 979-11-960400-0-0 44300 (세트)

이 도서의 국립중앙도서관 출판예정도서목록(CIP)은 서지정보유통지원시스템 홈페이지(http://seoji.nl.go.kr)와 국가자료공동목록시스템(http://www.nl.go.kr/kolisnet)에서 이용하실 수 있습니다.(CIP제어번호:CIP2017006255)

북트리거

트리거(trigger)는 '방아쇠, 계기, 유인, 자극'을 뜻합니다.
북트리거는 나와 사물, 이웃과 세상을 바라보는 시선에 신선한 자극을 주는 책을 펴냅니다.